Alltagskultur der DDR

Alltagskultur der DDR

Begleitbuch zur Ausstellung
»Tempolinsen und P2«

be.bra verlag

Ausstellung: Tempolinsen und P2.
Eine Sammlung zur Alltagskultur der DDR entsteht
im Dokumentationszentrum Alltagskultur der DDR (Eisenhüttenstadt)

Projektleitung: Andreas Ludwig
Konzeption und
Realisierung: Jörg Engelhardt, Petra Gruner, Andreas Ludwig, Mario Stumpfe
Gestaltung: Helga Lieser und Susanne Jaeger
Objektrecherchen: Sabine Aha, Marlis Fiedler, Evelyn Grohnert, Karin Knüppel, Karin Lange, Ursula Neppach
Organisation: Martina Bachmann, Ute Gewiese, Michael Pollack

Wir danken allen Interviewpartnern für ihre Breitschaft zu ausführlichen Gesprächen und dem Ministerium für Wissenschaft, Forschung und Kultur des Landes Brandenburg für die finanzielle Förderung von Ausstellung und Begleitbuch.

Hinweise erbitten wir an:
Dokumentationszentrum Alltagskultur der DDR
Erich-Weinert-Allee 3
15890 Eisenhüttenstadt

Die Deutsche Bibliothek – CIP-Einheitsaufnahme
Alltagskultur der DDR : [Begleitbuch zur Ausstellung »Tempolinsen und P2«] / [Hrsg.: Stadt Eisenhüttenstadt/Dokumentationszentrum Alltagskultur der DDR. Konzeption und Realisierung: Andreas Ludwig und Mario Stumpfe. Autoren: Jörg Engelhardt ...]. – Berlin–Brandenburg : be.bra verl., 1996
ISBN 3–930863–13–8
NE: Ludwig, Andreas [Hrsg.]; Engelhardt, Jörg;
Ausstellung Tempolinsen und P2 <1995 –, Eisenhüttenstadt u.a.>;
Dokumentationszentrum Alltagskultur der DDR <Eisenhüttenstadt>

Zehdenicker Straße 1, 10119 Berlin
Herausgeber: Stadt Eisenhüttenstadt / Dokumentationszentrum Alltagskultur der DDR
Konzeption und
Realisierung: Andreas Ludwig und Mario Stumpfe
Autoren: Jörg Engelhardt, Petra Gruner, Andreas Ludwig, Mario Stumpfe
Satz und Gestaltung: Susanne Jaeger und Helga Lieser
Belichtung: igs GmbH, Berlin
Lithos und Druck: Druckerei Gerike, Berlin
ISBN 3–930863–13–8

Inhalt

Sensibilität für die Alltagskultur
Ein Vorwort

»Tempolinsen und P2« sind Metaphern für die Alltagskultur und das Alltagsleben in der DDR. Die Tempolinsen, ein chemisch aufgespaltenes und dadurch auf zehn Minuten Kochzeit reduziertes Linsengericht, verweisen auf die Versuche der 60er Jahre, durch Erleichterungen bei der Hausarbeit Frauen in die Berufstätigkeit zu bringen. Arbeitskräfteknappheit durch Massenflucht in den Westen und eine in erster Linie extensiv verstandene Industrialisierungspolitik machte Frauen zu einem unverzichtbaren Arbeitskräftereservoir, das nicht nur durch Verdienst und Statusgewinn für die Arbeitsgesellschaft DDR gewonnen werden sollte, sondern auch durch praktische Arbeitserleichterungen für die künftig doppelbelastete Werktätige. Krippen und Kindergärten, die Errichtung von Dienstleistungskombinaten, vermehrte Waschmaschinenproduktion, aber eben auch die Tempolinsen gehören in diesen Zusammenhang.

P2 ist eines jener Kürzel, bei denen selbst ehemalige DDR-Bürger nachfragen. Gemeint ist der Wohnungsbautyp, der ab Anfang der 60er Jahre den industriellen Massenwohnungsbau durch die Verwendung von Spannbetonplatten einleitete. Mit ihm und seinem Nachfolger, dem bekannteren WBS 70, verbindet sich das Bild endloser, gestaltloser Neubausiedlungen. Mit dem P2 entstand aber auch die technologische Voraussetzung des Massenwohnungsbaus, der ab den frühen 70er Jahren zum Kern des sozial- und industriepolitischen Programms der SED wurde. Der P2, bis 1990 in verschiedenen Varianten gebaut, prägte das Alltagsleben vieler DDR-Familien. Die komfortable, zentralbeheizte Neubauwohnung war für viele, die bislang in verfallenden, schlecht ausgestatteten Innenstadtwohnungen gelebt hatten, ein sehnlicher Wunsch. Im P2 wurde jedoch auch deutlich, was es mit dem »jedem eine Wohnung, nicht: jedem seine Wohnung« auf sich hatte: knappster Raum, begrenzte Gestaltungsmöglichkeiten, anonyme Wohnlandschaften.

Es ist vielleicht kein Zufall, daß zwei Produkte der frühen 60er Jahre die Alltagskultur der DDR versinnbildlichen. Denn bei der Beschäftigung mit dem Alltag stellt sich die Frage nach dem Allgemeinen wie nach dem Besonderen. Im speziellen Fall der DDR also danach, wann die Alltagskultur begann, sich von der im Westen Deutschlands zu unterscheiden, wann sie ihre DDR-Spezifik erhielt. Unter mehreren Aspekten erscheint die Zeit zwischen den späten 50er und den frühen 70er Jahren als entscheidender Einschnitt: Politisch wurde der gesamtdeutsche Anspruch der DDR-Politik aufgegeben, mit dem Mauerbau 1961 ging die Massenflucht aus der DDR zu Ende und der Grenzübertritt als grundsätzliche Lebensalternative war verschlossen. Eine wirtschaftliche Stabilisierung, verbunden mit dem Zwang des Sich-Einrichtenmüssens, prägten die 60er Jahre. Autarkiepolitik und Integration in den RGW waren die Voraussetzungen für eine schrittweise Differenz der Produkte zu denen im Westen Deutschlands, durch die Verstaatlichungen und Kombinatsbildungen erhielten sie ein neues Gesicht, das durch einen starken Grad an Konzentration und Vereinheitlichung der Güterproduktion beschleunigt hergestellt wurde. Technologische Neuerungen und Übernahmen aus den östlichen Bruderländern wirkten sich gerade in dieser Zeit besonders augenscheinlich auf die gesamte Objektkultur aus, so daß der Eindruck einer intensiven, DDR-eigenen Modernisierung während der 60er Jahre entsteht.

Hinweise dieser Art lassen es notwendig erscheinen, der Alltagskultur und ihrer Objektwelt eine verstärkte Aufmerksamkeit zuzuwenden und sich nicht allein auf schriftliche Dokumente zu verlassen. Die Gegenstände, so anmutend sie für das Auge sein mögen, zeigen ihre Bedeutung nicht auf den ersten Blick, sondern tragen ihre vielfältigen Bedeutungen in sich. Phantasie, Erinnerung und Erklärungszusammenhang des Betrachters geben ihnen ihre besondere Dimension, ihre sensibilisierende Funktion. Wer hat sich nicht schon, wenn es im Gespräch um den Austausch von DDR-Erfahrungen ging, Gedanken über den spezifischen Geruch in diesem Land gemacht. Die Erklärungshypothesen finden eine Konkretisierung beim Öffnen einer Flasche Büroleim, dessen Verdünnergeruch gleichzeitig die Erinnerung aktiviert. Die Einkaufsbeutel, die in der Ausstellung »Tempolinsen und P2« zu sehen waren, geben Hinweise auf das Kunstfasergewebe Dederon (lies: De De Ron), sind aber gleichzeitig als Zeichen für die Verteilungsprobleme des volkseigenen Handels und die Starrheit der Güterproduktion in der Konsumgüterindustrie zu lesen, die den DDR-Bürger zur vorsorglichen Mitnahme eines solchen Beutels bewog. Obwohl banale Objekte ohne Marktwert, symbolisieren diese Beutel einen wichtigen Zweck alltäglichen Handelns.

Auf diese Weise mag »Alltag in der DDR« exemplarisch dargestellt werden, rekurrierend auf Erinnerung, fußend auf der Kommunikation derer, die sich den Gegenständen stellen. Die Totalität des Alltags mit seinen vielfältigen Beziehungsgeflechten und Bedeutungszuweisungen können die Gegenstände des Alltags nicht in Gänze beschreiben. Hierzu sind die Mittel der Ausstellung zu begrenzt. »Tempolinsen und P2« ist deshalb nicht als apodiktisches »Das war die DDR« zu lesen, sondern als Annäherung, exemplarisch und zeitgebunden zugleich. Die Ausstellung stellt Aspekte des Alltags vor: Jugendkultur(en), Handel und Versorgung, Industrie, Frau und Familie, Wohnungsbau und Wohnkultur, Freizeit waren die Themen. Dazu wurden Massenprodukte und Designobjekte, Wasch- und

Putzmittel gezeigt, aber auch Möglichkeiten einer Chronologie und eine Schenkung an das Museum für die Alltagskultur der DDR vorgestellt.

Alltag, gerade auch in der DDR, ist beeinflußt von politischen Rahmenbedingungen. Industrielle Lenkung, die die Objektkultur von Planbehörden abhängig machte, politische Wunschvorstellungen und Leitbilder, die nicht nur eine ausgeprägte Kultur politischer Zeichen und Symbole hervorbrachte, sondern ihren direkten Ausdruck in gesellschaftseigenen Objekten wie Brigadebüchern, Glückwunschkarten oder Handarbeitszirkelarbeiten fanden, machen dies deutlich. Gleich, ob die Objekte als Ergebnisse planvollen politischen Handelns erscheinen oder als ihr Gegenbild, das wir »Nischenkultur« zu nennen uns gewöhnt haben, politische und gesellschaftliche Prozesse schlagen sich in den Alltagsobjekten und in einer intensiven Beobachtung des Landes nieder. Gerade in den sozialdokumentarischen Fotografien von Sybille Bergemann, Christian Borchert, Jürgen Nagel und Helga Paris wird ein »Abarbeiten« an der DDR deutlich. Dieser Prozeß fand mit den Ereignissen von 1989/90 nicht sein Ende, sondern setzte sich, wenn auch nicht beschränkt auf die mediengerechten Themen Treuhand und Stasi, fort. Die Ausstellung baut, gerade um der Verengung der Debatte um die DDR zu begegnen, auf Kommunikation, auf das durch die alltäglichen Objekte angeregte Gespräch.

Der Gesprächsanlaß Ausstellung rief deutlich unterschiedliche Reaktionen hervor. Als ob die DDR sechs Jahre nach ihrem Ende bereits eine weit entfernte Vergangenheit sei, setzte »Tempolinsen und P2« bei Besuchern Erzählungen frei, in denen die Erinnerung an eine – längst vergangene – Jugendzeit im Vordergrund stand. Der zeitliche Abstand fand dabei seine Parallele in dem deutlichen Bewußtsein eines Wechsels, ja Bruchs der lebensweltlichen Rahmenbedingungen. Waren sich die Ausstellungsautoren noch der Gefahr bewußt gewesen, daß die alltagskulturellen Objekte zu einem Teil noch mit den im täglichen Gebrauch befindlichen identisch waren und hatten sie sich deshalb auf eine eher Distanz hervorrufende Darstellungsweise geeinigt, so waren sich die Besucher der Historizität ihres eigenen Alltags, wie er ihnen in der Ausstellung entgegentrat, durchaus im klaren. Eltern brachten ihre Kinder mit, Aufsichtskräfte mischten sich in die Unterhaltungen des Publikums diskutierend ein, Westdeutschen wurden Erklärungen gegeben. Die in der öffentlichen Debatte durch den Begriff »Ostalgie« nahegelegte kollektive verklärende Rückbesinnung auf ein vorgeblich besseres Vorher fand in der Ausstellung keine Bestätigung. Eher handelte es sich um eine gemeinsame Versicherung der historischen Differenz, die eine ganze Facette von Reaktionsmöglichkeiten offenlegte. Sie reichte von der Betonung der Eigenständigkeit des in der DDR Erreichten bis hin zur Bemerkung einer Besucherin, bei der Ausstellung über die Alltagskultur der DDR handele es sich um einen späten Sieg der Partei, denn endlich würde der Alltag in der DDR ernst genommen.

Die extrem unterschiedlichen Reaktionsweisen, vom Wachrufen der Erinnerung bis hin zur Kritik der Affirmation, zeigt die Möglichkeiten und Grenzen eines alltagskulturellen Ansatzes. So wenig Alltagskultur die Totalität eines Staates oder einer Gesellschaft zeigen kann, so wenig beschränkt sie sich auf das Anekdotische der Geschichte. Die Beschäftigung mit dem Alltag kann als spezieller Standpunkt, als ein spezifisches Interesse an den historisch geprägten Lebensumständen interpretiert werden. Alltag ist dabei mehr als nur die »Geschichte der vielen«, also ein Gegensatz zur politischen Geschichte, mehr als nur eine konkretisierende Ergänzung der Sozial- und Strukturgeschichte, sie kann vielmehr verstanden werden als eine Verständigung darüber, was die eigenen Lebensumstände für ein Interesse an Geschichte hervorrufen und wie diese sich in der Geschichte wiederfinden. Genauso, wie die alltäglichen Lebensumstände in der DDR nicht an den Verlautbarungen des Politbüros abzulesen sind, so wenig kann Alltagsgeschichte aus einer staatlichen, übergeordneten Perspektive heraus geschrieben werden. Alltagskultur setzt die Zeichen eines Beginns, sie initiiert eine Beschäftigung mit den Lebensumständen, indem sie an ihren Anfang das unspektakuläre, alltägliche, eigentlich »wertlose« Objekt setzt, aus dem heraus sich ein Feld von Fragen, Auffälligkeiten, Vergleichen öffnet, und damit auch zu Themen kommen kann, die den Gewohnheiten und ausgefahrenen Wegen der Geschichtsbetrachtung nicht entsprechen. Es handelt sich, wenn man so will, bei der Beschäftigung mit dem Alltag um eine ethnographische Vorgehensweise, bei der die Aufmerksamkeit dem Beobachtbaren gilt, von dem aus sich Themen und Erkenntniswege öffnen.

Der zeitliche Faktor spielt dabei eine wesentliche Rolle. Wenn wir uns heute mit der Alltagskultur der DDR beschäftigen, haben wir einen Abstand von fünf oder sechs Jahren zu vergegenwärtigen. Im Verlauf dieser Jahre sind viele Dinge geschehen, die das Bild von der DDR anders erscheinen lassen als zu Zeiten ihres Bestehens. Der zeitgebundene Betrachter hat die politischen Ereignisse der Jahre 1989/90 in Erinnerung, er macht seine Wochenendausflüge nach Thüringen, in die Mark oder an die Nordsee, hat am Arbeitsplatz mit andersdeutschen Kollegen zu tun und liest in der Zeitung von steigenden Marktpreisen für die zum wiederholten Male zum Verkauf stehenden Geschirre aus dem Palast der Republik. Das geeinte Land ist für ihn Normalität, die Gepflogenheiten der anderen Deutschen erscheinen ihm charmant oder störend.

Das Ende der DDR ist nicht mit einem vertraglichen Akt, der ihre Staatlichkeit aufhob, gleichzusetzen. Der in kurzer Folge stattgefundenen inneren Auflösung, die sich nicht allein an Daten wie dem 18. März, dem 30. Juni oder dem 3. Oktober 1990 ablesen läßt, steht eine sehr viel längere Übergangsphase der inneren Auflösung der DDR als Gesellschaft, ihrer Produkte, Gewohnheiten, Beziehungsgeflechte, Handlungspraktiken, Sprache und Mentalitäten gegenüber.

Sich aus heutiger Perspektive mit der Alltagskultur der DDR zu beschäftigen, heißt deshalb, immer zugleich Vergangenheit und Gegenwart zu betrachten. Die Objekte des Alltags stehen deshalb auch heute noch in einem Umwertungsprozeß vom Gebrauchsgegenstand zum historischen, zum Kulturgegenstand.

In dieser Phase ein Museum für die Alltagskultur der DDR aufzubauen, bedeutet den begleitenden Eingriff in einen laufenden Prozeß. Das »Dokumentationszentrum Alltagskultur der DDR« trägt die Objekte des Alltags aus einem immer noch vorhandenen Nutzungskontext zusammen, sammelt sie mit Hilfe zahlreicher Schenker und sorgt auf diese Weise erst einmal für die Sicherung eines, wie die Historiker sagen würden: Quellenbestandes zur Erforschung der DDR-Alltagsgeschichte.

Diese frühzeitige »Musealisierung der DDR« ist nicht unumstritten, fehle es doch, so die Kritiker, an der notwendigen wissenschaftlichen, auch zeitlichen Distanz, um sich dem Gegenstand nähern zu können. In der Tat verfügen wir nicht über ein abgerundetes, gesichertes Bild über das Alltagsleben der DDR, der es uns ermöglichen würde, eine ausgewogene Darstellung auf Grundlage differenzierter Forschungs- und Sammlungsergebnisse zu präsentieren. Es stellt sich die Frage, ob man sich dem üblichen Vorgehen anschließen soll, nur dasjenige als sammlungswürdig zu erachten, was entweder historisch wesentlich, verstanden als alt, selten und bedeutend, oder kulturhistorisch herausragend, sprich: als Teil einer Hochkultur akzeptiert, gilt. Die Objekte des Alltags wurden mit dem Ende der DDR in allen Facetten ihres kulturellen, politischen und gesellschaftlichen Daseins unmittelbar musealer Gegenstand. Sie sind damit historisch, obwohl sie teilweise noch in Nutzung sind.

Verglichen mit dem zeitlichen Abstand und der zögerlichen Beschäftigung mit anderen historischen Fragen, der provozierende Vergleich mit den Schwierigkeiten der »Aufarbeitung« des Nationalsozialismus macht dies besonders deutlich, findet eine intensive und breite Beschäftigung mit der Geschichte der DDR statt. Mehrere hundert zur Zeit laufende Forschungsprojekte und eine intensive Medienberichterstattung zeugen davon. Ein Teil dieser Bemühungen ist die Sammlung von alltagskulturellen Gegenständen, Sachzeugen, wie dies in der Sprache der Museumsleute heißt. Sie zusammenzutragen bedeutet, sich in den Prozeß der Auflösung einer materiellen Kultur einzumischen. Die Schenkungen, die das Dokumentationszentrum Alltagskultur der DDR erreichen, sind nicht nur Beiträge zur Sicherung dieser Kultur, sondern werden durch die Schenker in Interviews kommentiert, indem Preise, Gebrauchswert, Nutzungszusammenhang und andere Informationen beigebracht und dokumentiert werden. Gleichzeitig ist die Schenkung jedoch auch ein Beitrag zur individuellen Verständigung über die mit den Objekten zusammenhängenden Formen einer lebensgeschichtlichen Praxis, der Schenkungsakt also zugleich ein Anlaß zur Erinnerung wie auch ein Beitrag zu öffentlicher Beteiligung. Das Museum erhält durch eine Vielzahl von Schenkungen, verbunden mit durchaus kontroversen Kommentaren und Motiven, die Funktion des sozialen Gedächtnisses einer sich auflösenden Gesellschaft, die auf diese Weise einen differenzierten Erinnerungs- und Objektfundus für die Zukunft zusammenträgt.

Eine museale Objektsammlung als Grundlage, die Ausstellung als Erinnerungs- und Gesprächsanlaß, bedürfen der Ergänzung, wie sie in Form dieses Buches vorliegt, das gleichzeitig eigenständig zu lesen ist. Hervorgegegangen aus dem Material für die Ausstellung »Tempolinsen und P2« werden teils in erzählender, teils in analytischer Form Aspekte des Alltagslebens in der DDR vorgestellt.

Der Band ist zunächst chronolgisch eingeteilt: Bemerkungen zur Gründergeneration der DDR folgen Berichte und Interviews über die »Hoch-Zeit« der 60er und 70er Jahre und ihre Träger, jedoch mit ersten Irritationen an der paternalistischen, fürsorgenden Gewalt. Ein dritter Teil, der sich mit Unzufriedenheit und innerer Auflösung befaßt, schließt den Band ab.

Erziehung, Wohnungsfragen, Arbeitswelt und vor allem die immer wieder allem unterlegte Frage von Anpassung oder Nichtanpassung stehen im Mittelpunkt der nachfolgenden Beiträge. Mario Stumpfe hat sich, als Angehöriger der letzten DDR-Generation, mit den Prägungen durch Eltern- und Großelterngeneration auseinandergesetzt und dabei den Versuch unternommen, der unausweichlich eingeforderten Stellung des Einzelnen zum Staat DDR differenziert nachzuspüren. Die die DDR über Jahrzehnte tragende Generation kommt in dem Bericht einer Lehrerin und Pionierleiterin, im Interview mit der Leiterin einer »Präsent 20«-Verkaufsstelle zu Wort. Es folgen ein zeitgenössischer Bericht über die Erfolge bei der Neustrukturierung der Textilindustrie und Auszüge aus dem Elternhospitationsbuch einer Kindereinrichtung. In all diesen Texten werden Verantwortungsbewußtsein wie auch Anpassungsbereitschaft deutlich. Die Bedeutung von Haushaltsgeräten und ihr Übergang von Gebrauchs- zum Kulturgegenstand werden in dem Bericht über die Schenkung an das Museum geschildert. Die Chancen und Zwänge des Wohnungsbaus werden, zugleich mit der »Erfahrung Wohnungssuche«, von Petra Gruner dargestellt. Den sozialdemokratischen Blick auf die Arbeits- und Alltagswelt von Frauen zeigen die Reflexionen der Fotografin Helga Paris über das Entstehen ihrer Portraits von Textilarbeiterinnen. Individuelle Auswege aus dem beengenden Normenkatalog der offiziellen DDR werden durch drei Berichte über Fluchten geschildert.

Die Beiträge dieses Buches laden zum Vergleich und zur Überprüfung eigener Erfahrungen und Meinungen ein. Ohne Anspruch auf Ausgewogenheit mögen sie in ihren widersprüchlichen Aussagen zu Bestätigung oder Widerspruch

provozieren. Vor allem jedoch erhoffen sich die Autoren und Autorinnen, daß die Lektüre dem Leser die Neugier vermittelt, ohne die eine Beschäftigung mit dem Alltag in der DDR hölzern und ohne Engagement bliebe.
Gedankt sei allen, die zur Ausstellung und diesem Buch beigetragen haben: allen Helfern und Unterstützern in Eisenhüttenstadt, dem Ministerium für Wissenschaft, Forschung und Kultur des Landes Brandenburg, allen, die durch Schenkungen die Sammlung für Museum und Ausstellung zusammengetragen haben, und nicht zuletzt unseren Interviewpartnern für ihre Gesprächsbereitschaft.

Andreas Ludwig

DER ANTIFASCHISTISCHE KONSENS DER GRÜNDERGENERATION

Schweigend, enttäuscht, diszipliniert – Opa, Genosse, Held

Karl Gottlieb H. geb. 1903
verheiratet seit 1927 mit Ella Liesbeth Sch., geb. 24.8.1902
Tochter 1940 geboren

Soziale Herkunft:
Mein Vater, Friedrich H., war von Beruf Maurer, meine Mutter, Antonia, war in früheren Jahren Fabrikarbeiterin, später Landarbeiterin bzw. Hausfrau. Die Großeltern waren beide Arbeiter. Zur Zeit leben noch fünf Geschwister; der jüngste Bruder Hermann ist im II. Weltkrieg gefallen, fünf Geschwister sind bereits in frühester Kindheit verstorben.

Politische Tätigkeit:
Ich hatte das Glück, ein Elternhaus zu besitzen, wo der Vater schon 1903 Mitglied der SPD war und nicht nur zahlendes Mitglied. Schon als Kinder wurden wir durch unseren Vater mit der politischen Arbeit vertraut gemacht. Mein Vater war im Dorf als Kommunist bekannt; er war Gemeindeverordneter. Samstag und Sonntag fanden in unserer Wohnstube immer Aussprachen statt. Bei diesen Diskussionen durften wir Kinder zuhören. Ich war Mitglied der:
Roten Hilfe
Internationalen Arbeiter Hilfe
RGO
RFB
Arbeitersportverein
KPD seit 1926.

Aus meiner Familie haben sich der Vater und seine sechs Kinder im Kampf gegen den Faschismus betätigt:
H., Friedrich (Vater), 4 Jahre Zuchthaus
H., Reinhold (Bruder), 15 Jahre Zuchthaus,
H., Else (dessen Ehefrau), 3 Jahre Zuchthaus
H., Karl, 10 Jahre Zuchthaus
H., Ella, 1 Jahr Gefängnis
K., Frieda, geb. H., 3 Jahre Zuchthaus
L., Luise, geb. H., Schutzhaft
H., Hulda, geb. H., Schutzhaft
H., Hermann, Haft; konnte wegen jugendlichen Alters nicht bestraft werden und kam einige Monate in eine Umerziehungsanstalt. Dem Vater wurde das Erziehungsrecht abgesprochen, Hermann bekam einen Vormund.
Auszeichnungen:
Vaterländischer Verdienstorden in Silber und Bronze
Ehrenzeichen der Deutschen Volkspolizei
Medaille für Kämpfer gegen den Faschismus
Ehrenurkunde 50 Jahre Mitgliedschaft in Arbeiterparteien
Ehrenmedaille des Komitees Antifaschistischer Widerstandskämpfer
Ehrennadel der DSF in Silber
Ehrenurkunde 50 Jahre Gewerkschaft
Auszeichnung der Nationalen Front für Patriotische Leistungen
Medaille für Ausgezeichnete Leistungen in den bewaffneten Organen
Medaille in Silber und Bronze der bewaffneten Organe

Quelle: Mario Stumpfe

Ausweisdokumente

Es gab eigentlich nichts, was so richtig privat war

Unsere Großmutter, die bei uns in einem kleinen Stübchen wohnte, ist 1930 im Alter von 92 Jahren gestorben. Sie war eine bescheidene und arbeitsame Frau. Wenn im Nachbardorf Jahrmarkt stattfand, stand die Großmutter an der Hausecke und gab uns Kindern 10 Pfennig. Die Eltern durften das nicht wissen. Sie war uns Kindern eine gutsorgende Großmutter, hatte aber auch eine lose Hand, wenn wir beim Mittagessen untereinander zankten. Dann schlug sie uns Kindern mit dem Löffel der Reihe nach auf den Mund, bis Ruhe war.

Früher gab es oft heftigere Gewitter, und die Großmutter erzählte uns, wenn es blitzte und donnerte, daß der liebe Gott mit uns schimpfen würde und wir sollten artiger sein. Sie kannte ja die Ursachen nicht. In die Kirche ist sie jedoch nie gegangen.

Ich besuchte in Neundorf eine zweiklassige Volksschule. Wenn wir Schulferien hatten, mußten wir von 6.00 bis 18.00 Uhr auf dem Rittergut Siegel arbeiten; der Stundenlohn betrug 7 bis 10 Pfennig. Wir waren 20 bis 25 Kinder aus zwei Dörfern und wurden von einem aufsichtführenden Vogt überwacht und unter die Frauen aufgeteilt. Der erhaltene Lohn wurde für den Lebensunterhalt der Familie mit verwendet.

Mein Vater war von 1903 an partei- und gewerkschaftlich organisiert. Er war von 1903 bis 1933 in unserem Dorf als Gemeindeverordneter tätig. 1936 wurde er von den Faschisten verhaftet und wegen Hochverrats zu vier Jahren Zuchthaus verurteilt. Er war nicht nur zahlendes Mitglied in der SPD, sondern ein aktiver Agitator unserer Partei – unter seinen Berufskollegen und den Einwohnern unseres Dorfes.

Nach Ausbruch des I. Weltkrieges wurde er sofort eingezogen und nach einiger Zeit nach Deutschland zur Bewachung von Kriegsgefangenen versetzt. In Zittau, ganz in unserer Nähe, befand sich ein großes Kriegsgefangenenlager. Dort mußte er die Gefangenen bewachen und die über Land bei den Bauern beschäftigten kontrollieren. Sonntagvormittag und auch -nachmittag waren oft mehrere Kriegsgefangene bei uns in der Wohnung. Ich lernte damals Schuhmacher und wohnte bei meinen Eltern. Die Gefangenen kamen mit ihren Stiefeln, die ich reparierte. Dabei bot sich die Gelegenheit, über den Krieg zu reden.

Nach Beendigung meiner Lehrzeit arbeitete ich von 1920 bis 1923 als Schuhmachergeselle in verschiedenen Städten Deutschlands. Da ich einen Onkel in Hamburg hatte, war dort meine erste Arbeitsstelle. Ich denke oft an die Demonstration zum 1. Mai 1920. Ich hatte mich den Hamburger Genossen gleich angeschlossen und habe mit ihnen demonstriert. Sie haben mich auch nach Hause gebracht, da ich mich in den ersten Wochen in der Stadt nicht zurechtfand. Die Versammlungen im Besenbinderhof oder die Kundgebungen auf dem Heiligengeistfeld, wo der Genosse Ernst Thälmann sprach, waren herausragende Erlebnisse genauso wie die Demonstration zum Gefängnis Fuhlsbüttel. Die Polizei wollte uns daran hindern, und es kam zum Handgemenge. Hier hatte ich das erste Mal Kontakt mit der Polizei.

Wieder zu Hause, bin ich 1926 der KPD, Ortsgruppe Bernstadt, beigetreten. Zu dieser Ortsgruppe gehörten sechs Dörfer. Wir waren 20 Genossinnen und Genossen. Ich hatte mit meinem Cousin drei Dörfer zu betreuen. Mit zu meinen schönsten Erinnerungen zählt, als in der Gemeinde Nieder-Rennersdorf, wo ich einige Zeit bei meiner Schwiegermutter wohnte, bei den Reichstagswahlen 34 kommunistische Stimmen ausgezählt wurden. Die Großbauern und die SPD-Genossen haben mir das nie verzeihen können. Wenn meine Frau im Dorf bei Hausbesitzern nach leerstehenden Wohnungen fragte, bekam sie die Antwort: »Nein, die Wohnung bekommen Sie nicht. Ihr Mann ist Kommunist, und Kommunisten wollen wir nicht haben.« Es ging im Dorf sogar soweit, daß Leute zu meiner Schwiegermutter sagten: »Frau S., Sie werden es doch nicht zulassen, daß Ihre Tochter einen Kommunisten heiratet.«

In dieser Zeit fanden oft Freidenker-Versammlungen statt. Zu denen habe ich meine Frau immer mitgenommen. Und ohne daß ich es ihr nahegelegt habe, ist sie 1929 aus der Kirche ausgetreten. Wir sind auch nicht kirchlich getraut, und unsere Tochter ist nicht getauft worden.

Da ich als Kommunist immer seltener Arbeit fand, bin ich Anfang 1928 nach Dresden gefahren und habe in der Hansastraße 21 eine Schuhmacherei eröffnet. Ich hatte viel Kundschaft und Arbeit. Trotzdem wurde die Parteiarbeit nicht vernachlässigt, und weil ich auch im RFB organisiert war, wurde ich abends oft zum Veranstaltungs- oder Objektschutz angefordert.

In der Stadt fanden große Versammlungen statt, und die Situation spitzte sich immer mehr zu. Führende Funktionäre der KPD wurden verhaftet, und für den Reichstagsbrand wurde die KPD verantwortlich gemacht, obwohl die Nazis ihn selbst angezündet hatten. Zeitungen, Broschüren und alle Versammlungen wurden verboten. Die SS und die SA provozierten in den Arbeiterstadtteilen die Bevölkerung. Die SA hatte die Erlaubnis, wahllos Hausdurchsuchungen und Verhaftungen vorzunehmen. Da die Gefängnisse und das Polizeipräsidium in der Stadt nicht alle verhafteten Genossen unterbringen konnten, wurden das Volkshaus und andere leerstehende Gebäude von der Gestapo beschlagnahmt.

Im Oktober 1933 erfolgte die erste Hausdurchsuchung durch die Polizei. Gefunden wurde nichts. Im Januar 1934 kam die Gestapo. Als es klingelte und ich die Tür öffnete, standen drei Mann da, und einer fragte mich, ob ich der H. wäre. Als ich das bejahte, bekam ich mehrere Faustschläge ins Gesicht. Die Werkstatt wurde durchsucht, Bilder und Spiegel von der Wand gerissen.

Auch die Gestapo fand nichts. Trotzdem teilten mir die Kommissare Weser und Dachsel mit, daß ich verhaftet sei. Der dritte Gestapo-Mann war Kriminalhauptwachtmeister Hugo Geißler, der mich, den »kommunistischen Hund«, am liebsten gleich erschießen wollte. Sie stießen mich aus der Wohnung und in einen bereitstehenden PKW. Im Polizeipräsidium wurden zunächst meine Personalien von Geißler aufgenommen. Dann wurde ich angebrüllt: »Du Misthund, zieh dich aus«. Ich zog meinen Wintermantel aus, und wieder wurde losgebrüllt: »Du sollst dich ausziehen«. Ich zog noch Jacke und Pullover aus. Die Sachen wurden vor der Tür auf einen Haufen geworfen. Jetzt kamen Weser, Dachsel und Steinert, jeder mit einem Gummiknüppel in der Hand, auf mich zu und schrien, ich solle mich auf einen Stuhl in der Mitte des Raumes setzen. Weser und Dachsel zogen sich Stühle heran und postierten sie so, daß ich nicht aufstehen konnte. Dann schlugen sie mit ihren Gummiknüppeln auf meine Oberschenkel ein, während Steinert und Geißler meine Arme auf den Rücken drehten. Sie schlugen mir den Rücken und die Oberschenkel wund. Nach dieser Prozedur war ich nicht mehr in der Lage zu stehen, auch nicht, nachdem mir kaltes Wasser ins Gesicht geschüttet worden war.

Kommissar Weser meinte jetzt, daß sie wohl den Falschen hätten, doch Dachsel führte den Genossen Otto H. vor, der mich verraten hatte, und der bestätigte den Beamten, daß ich H. und der Richtige sei, und zu mir sagte er: »Karl, gib alles zu, Genosse S. hat uns verraten.« Ich will nicht weiter schildern, wie die mich danach behandelt haben. Ich hatte von den Waden bis zu den Schultern nur blaue Flecke, einen Bauchdeckenbruch, mehrere Rippenbrüche, einige eingeschlagene Zähne, und die Hände waren bis in die Fingerspitzen geschwollen. Dem aufsichtführenden Polizisten erzählten sie, ich hätte davonlaufen wollen. Geißler war es auch, der mir mein Taschengeld gestohlen hat, und als meine Frau Anfang März 1934 verhaftet wurde, forderte er sie auf, ihr Nachthemd auszuziehen. Zum Glück stand die Schlafzimmertür offen, und im Korridor standen uniformierte Polizisten, so daß Geißler davon abließ.

Anfang März 1934 brachte die Gestapo 82 Genossinnen und Genossen aus meinem Stadtteil, auch meine Frau. Es war ihnen gelungen, einen Spitzel in unsere Gruppe einzuschleusen. Nach sechs Monaten Untersuchungshaft kam es zum sogenannten Prozeß »H. und Genossen«. Als ich im Juli 1934 von der Gestapo an den Untersuchungsrichter beim Oberlandesgericht übergeben wurde, war ich durch die Mißhandlungen nervlich erkrankt. Durch einen Zufall wurde ich Oberstaatsanwalt Dr. Bremer vorgeführt. Er fragte mich, was mit mir los sei, und ich antwortete ihm, daß mich die Gestapo geschlagen hatte. Er wollte mir das nicht glauben. Ich blieb jedoch bei meiner Aussage und mußte alles schriftlich zu Protokoll geben. Zu meinem Urteil sagte Oberstaatsanwalt Dr. Bremer, daß er es sehr bedauere, keine höhere Strafe aussprechen zu können. Ich sei Überzeugungstäter und habe durch mein Verhalten die Untersuchung erschwert. Er beantragte beim Gericht, meine Untersuchungshaft nicht anzurechnen. Dem Antrag hat sich das Gericht nicht angeschlossen, denn nach der Meinung der Richter »...hat der Strafgefangene H. seine Straftat zugegeben, und wenn er die Mitangeklagten nicht verraten will, ist das seine Sache«. Ich kam in das Zuchthaus Waldheim, wo es keine Mißhandlungen mehr gab. Da jeder Strafgefangene eine Nummer hatte, wußten wir durch unsere Verbindungsleute, wer ein Politischer war. Deren Schuhe wurden besonders gut repariert, und sie bekamen die beste Wäsche. Meine Genossen hatten in der Anstalt alle Funktionen besetzt, die für uns wichtig waren. Eines Tages kam Genosse Georg S. aus Leipzig zu mir und sagte: »Du bist doch Genosse H. Du mußt dich zu einer Arbeitskolonne melden, die in alle Häuser kommt und außerhalb der Anstalt arbeitet«. So hatten wir Verbindungen zur Außenwelt.

Aus einem Gespräch, das Mario Stumpfe mit K.H. führte.

Vergessen feiern – Erinnern verdrängen

»Wenn es stimmt, daß man im allgemeinen Siege, nicht aber Niederlagen feiert, daß man die Ereignisse herausstellt, auf die die Nation stolz sein kann, so mag der große Anteil von ›Gedenkfeiern‹ zur Nazi-Vergangenheit im Feiertagskalender der DDR widersprüchlich erscheinen. Der ostdeutsche Staat unterwarf seine Bürger regelmäßig einer scheinbar beispielhaften Gedenk-›Übung‹ der unmittelbaren Vergangenheit und legte dabei eine beachtliche Beherrschung der Gedenk-›Technik‹ an den Tag. So war der 8. Mai 1945, der Tag der bedingungslosen Kapitulation des Dritten Reiches, lange für 17 Millionen Deutsche ein nationaler Feiertag. So ehrten eben diese Deutschen lange Zeit alljährlich im September die ›Opfer des Faschismus‹ oder gedachten am 9. November der Kristallnacht, dieses ungeheuren Pogroms, das in Deutschland in der Nacht vom neunten zum zehnten November 1938 losbrach und zum Vorspiel für Auschwitz wurde.

Zum Vergleich sei unterstrichen, daß lediglich der letztgenannte Gedenktag, der sich 1988 zum fünfzigsten Mal jährte, in beiden Teilen Deutschlands begangen wurde. Die BRD sah sich dagegen nie veranlaßt, die Erinnerung an die ›Episoden‹ der Nazi-Vergangenheit durch nationale Zeremonien wachzuhalten. Nicht einmal die Erinnerung an den 8. Mai 1945 wurde begangen, der für die BRD doch ein ebenso grundlegendes Ereignis darstellt wie für die DDR. Das bedeutet nicht zwangsläufig den Wunsch, diese Tage zu vergessen, sondern eher die Weigerung, diese Daten und Ereignisse zu ›Gedenksteinen‹ der Nation zu erklären(...)

Bis weit in die Mitte der siebziger Jahre datierte die DDR den Beginn ihrer Geschichte auf das Jahr 1945. Da der Begriff des Nationalen seine Berechtigung verlor, mußte er durch Ersatzpatriotismus kompensiert werden. So wurde dem von der neuen Gesellschaft angebotenen ideologischen Patriotismus noch ein nicht ganz so abstrakter Patriotismus aufgepfropft, der Patriotismus einer Gemeinschaft jener Deutschen, die Opfer der Nazi-Barbarei als Kämpfer gegen den Faschismus gewesen waren. Auf den Kult dieser Helden begründete die DDR in beträchtlichem Maß ihre Legitimation. Kraft dieses Märtyrerkatalogs umgab der ostdeutsche Staat die Gesellschaft mit Orten der Erinnerung (...) Es war so, als ob ein Ablassen von der Pflege der ›antifaschistischen Tradition‹ die DDR in die ideologische Leere hätte abstürzen lassen, die durch die Errungenschaften des ›realen Sozialismus‹ nicht hätten ausgefüllt werden können.«

Aus: Sonia Combé, Gedenkfeiern zur Überwindung der Nazi-Vergangenheit, in: Die wiedergefundene Erinnerung, Berlin 1992

Kaum entlassen wurde ich im Herbst 1937 wieder in Schutzhaft genommen.Im Januar 1941 wurde ich das dritte Mal von der Gestapo verhaftet. Diesmal durch die Kommissare Witteck und Hoffmann. Das war für mich eine furchtbare Zeit. Unsere Tochter war acht oder zehn Wochen alt.

Ich war wieder sechs Monate bei der Gestapo in Haft. Diesmal wollten sie mich mit einer Gruppe in Verbindung bringen, die vom Volksgerichtshof in Leipzig abgeurteilt werden sollte, und dort gab es bekanntlich nur lebenslänglich Zuchthaus oder die Todesstrafe. Im Vergleich zu 1934 war die Behandlung eine ganz andere. Es gab keine körperlichen Mißhandlungen. Aber um Aussagen von mir zu bekommen, erpreßten sie mich mit meiner Ehefrau und unserer Tochter. Die Gestapo-Beamten kamen Tag und Nacht in meine Zelle und machten mir Vorhaltungen, daß meine Frau auch in Haft sei und erst entlassen werde, wenn ich das Protokoll, mein und meiner Genossen Todesurteil, unterschrieben hätte. Auch sei meine Tochter schwer krank und könne nur von den Hausbewohnern gepflegt werden.

Für mehrere Tage kam ich in eine besondere Einzelzelle. Die meisten Einzelzellen waren sechs oder neun Schritt lang und drei Schritt breit. Meine hatte zwei Türen, die innere mit Eisenstäben und extra verschließbar. Dadurch wurde die Zelle noch kürzer. Immer war ein blaues Licht an, durch das man ganz benommen wurde. Das Schlafen war nachts unmöglich. Ich war mit den Nerven so fertig, daß mich kein Wachtmeister mehr ansprechen konnte. Wenn die Wasserspülung der Toilette lief, konnte ich das Rauschen nicht mehr ertragen. In einer Nacht wurde ich aus der Zelle geholt und dem Genossen Fritz H. gegenübergestellt. Er sprach nur nach, was die Gestapo mir vorhielt. Trotzdem, da ich bei meinen ersten Aussagen geblieben war, wurde ich von der Gruppe für den Volksgerichtshof getrennt.

Im April 1942 wurde ich vom Oberlandesgericht Dresden wegen Vorbereitung zum Hochverrat und Rundfunkverbrechen zu sechs Jahren Zuchthaus verurteilt. Ich kam wieder nach Waldheim. Ein SA-Mann mußte mich nach der Aufnahme in die Schuhmacherei bringen. Bei der Übergabe an den Aufsichtsbeamten wollte er ihm erklären, daß ich Kommunist sei und schon das zweite Mal inhaftiert. Der Beamte ließ den SA-Mann gar nicht ausreden. Er sagte zu mir: »Na, H., jetzt bringen sie etwas mehr mit als das erste Mal.«

Im Juli 1943 wurde ich aus dem Zuchthaus in das Strafbataillon 999 eingezogen. Nach der Grundausbildung wurde ich 1943 nach Griechenland verlegt. Von Griechenland wurden wir in die Sowjetunion gebracht und bezogen am 1. Januar 1944 am Dnjepr in der Ukraine Stellung. Als der Fluß zugefroren war, mußten wir nachts eine kleine Insel im Fluß besetzen. Ich hatte schon vorher probiert, ob das Eis stark genug war, um fliehen zu können. Ob mich ein Krimineller – in meiner Gruppe war ich der einzige Politische – angeschwärzt hat, weiß ich nicht, jedenfalls wurde ich am 21. Januar gegen 23.00 Uhr von der Feldpolizei entwaffnet und verhaftet. Vierzehn Tage später wurden wir in einem verschlossenen Güterwagen nach Deutschland transportiert, auf den Truppenübungsplatz Baumholder. Reorganisiert ging es von dort wieder nach Griechenland.

Im Oktober 1944 begann der Rückzug der Nazi-Wehrmacht. Wir marschierten von Griechenland über Albanien und Jugoslawien nach Österreich, wo ich am 2. Mai 1945 bei Schattwald in Tirol in amerikanische Kriegsgefangenschaft geriet. Die Amerikaner verschickten uns nach Belgien, in die Kohlengruben. Ich bin in ein Lazarett gekommen, und der Bauchdeckenbruch wurde operiert, den mir die Gestapo 1934 getreten hatte.

Da mir bekannt war, daß niemand nach der damaligen sowjetischen Besatzungszone entlassen wurde, habe ich eine falsche Adresse in Witten an der Ruhr angegeben. Ich fuhr aber nicht nach Witten, sondern ging bei Helmstedt über die damalige Demarkationslinie und stellte mich den sowjetischen Grenzposten. Nach Überprüfung der Personalien konnte ich sofort die Heimreise nach Niedersedlitz antreten, wo – so hoffte ich – sich meine Frau befand.

Als ich mit dem Zug nach Dresden weiterfahren konnte, dauerte mir trotz der guten Bahnverbindung die Fahrt viel zu lange. In Jugoslawien hatte ich erfahren, daß Dresden von den Amerikanern bombardiert worden war.

Nun kehrte ich, nach sechs Jahren, nach Dresden zurück. Als ich auf dem Hauptbahnhof ausstieg und die Stadt zum Teil übersehen konnte, war das für mich ein furchtbarer Anblick. So weit ich sehen konnte, nichts als Ruinen, Ziegel- und Steinschutthaufen. Ich erinnerte mich in diesem Moment an die Rede Hitlers aus dem Jahre 1941. Er brüllte damals: »Gebt mir zehn Jahre Zeit, und ihr werdet Deutschland nicht mehr wiedererkennen.« Ob die unbelehrbaren Nazis sich dieser Rede erinnern werden? Wir Kommunisten und Sozialdemokraten wollten dem deutschen Volk diese Katastrophe ersparen. Uns sperrte man ins Zuchthaus, und Millionen Menschen wurden von den Faschisten ermordet.

Ich fuhr mit der Straßenbahn durch Dresden nach Niedersedlitz und sah nichts, als totale Verwüstung. Von Niedersedlitz bin ich dann nach Luga gelaufen so schnell ich konnte. Da mich meine Frau nicht erwartete, war nach so langer Trennung und Ungewißheit, ob ich am Leben sei, die Freude groß.

Am 1. Oktober 1946 nahm ich den Dienst in der Deutschen Volkspolizei in Dresden auf. Nach einem sechswöchigen Lehrgang in der Landespolizeischule Dresden wurde ich im Februar 1947 als stellvertretender Inspektionsleiter zur Grenzpolizeiabteilung Bautzen versetzt. Unsere Aufgabe war die Überwachung der deutsch-polnischen Grenze zwischen Bad Muskau und Zittau und der deutsch-tschechischen Grenze zwischen Zittau und Steinigtwolmsdorf.

Da wir weder Erfahrungen und Kenntnisse noch eine entsprechende Ausrüstung hatten, sind wir den sowjetischen Genossen für ihre Unterstützung bei der Durchführung unseres Dienstes zu großem Dank verpflichtet. So hatte ich einmal an der polnischen Grenze eine Nachtkontrolle mit dem Motorrad durchgeführt. Unterwegs traf ich einen sowjetischen Offizier. Er fragte mich, warum ich nachts – in diesem Grenzabschnitt waren schon einige Genossen erschossen worden – allein fahren würde. Ich sagte, daß es mit einem so leichten Motorrad keine andere Möglichkeit gebe. Ob ich wenigstens genug Munition hätte, fragte er weiter. Ich antwortete, daß ich sieben Schuß habe. Sofort gab er mir mehrere Päckchen. Es kam nicht selten vor, daß mich sowjetische Offiziere auf den langen Kontrollgängen mit dem Auto mitnahmen und anschließend in ihre Wohnungen einluden, wo wir dann eine Partie Schach spielten. Sie waren sehr gastfreundlich. Es gab immer etwas zu essen. Obwohl die Arbeit an der Grenze sehr schwierig war – es fehlte vor allem an Menschen, die die notwendigen politisch-ideologischen Voraussetzungen mitbrachten, und manchmal mußten wir schon nach 14 Tagen von 50 Neuzugängen über die Hälfte wieder entlassen –, verließ ich die Grenzpolizei nur ungern. Da ich während der Nazi-Diktatur lange in Gefängnissen und Zuchthäusern eingesperrt war, hatte ich einige Kenntnisse über den Dienstablauf und die Ordnung in den Anstalten. Als die Deutsche Volkspolizei verschiedene Strafanstalten von den sowjetischen Behörden übernehmen mußte, wurde ich 1952 in den Strafvollzug versetzt. 1960 schied ich aus der Volkspolizei aus, da meine Gesundheit sehr angegriffen war, und wurde Rentner. Von nun an war ich nur noch ehrenamtlich tätig.

Aus einem Gespräch, das Mario Stumpfe mit K.H. führte.

Zum Kämpfen gut genug

»Von nun an war ich nur noch ehrenamtlich tätig...« – was so lapidar klingt, konnte ein ganzes Leben zerstört haben, machte die, die ihr Leben lang für »die Sache« gekämpft hatten, urplötzlich zu Menschen, die von genau dieser, ihrer Sache bekämpft wurden. Mein Opa zum Beispiel wurde boshaft und ausdauernd als Amerikanischer Spion verdächtigt, nur weil er sich gewagt hatte, aus Amerikanischer Gefangenschaft zurückzukommen. Das muß ihn nach zehn Jahren Zuchthaus und späterem Strafbataillon 999 hart getroffen haben. Zu den Anwürfen kam es im Gefolge der Schauprozesse gegen Slansky im Jahre 1952. In der DDR fielen damals u.a. Paul Merker und sein Kreis sowie Franz Dahlem in Ungnade. Und bezeichnender Weise hört die Autobiographie meines Opas eben zu dieser Zeit auf. Über Ereignisse von 1952 bis 1960, als er aus gesundheitlichen Gründen in Rente ging, hat er nie erzählt. Und als ich begann, Fragen zu haben, war er schon einige Zeit tot.

Viele seiner Generation erfüllten und situierten die abstrakten Werte der Staatsräson, lebten Moral(en) vor. Sie schöpften aus einer Mischung von proletarischer Bürgerlichkeit und dem Bruch mit bürgerlichen Normen. Ich meine damit nicht den mentalen Traditionsfundus Arbeiteraristokratie, der den Themenvorrat kommunistischer und sozialdemokratischer Kultur- und Wertvorstellungen recht eng begrenzte, sondern eher die Vorstellungen, die an der interessierten und überlegenden Basis vorherrschten. Mag sein, daß sich beides im Gedanken unwesentlich unterschiede, in der Praxis lagen jedoch Welten dazwischen.

Mein Großvater las verhältnismäßig viele Bücher, ließ kaum eine politische Sendung in Radio und Fernsehen aus. Jeden Tag wurden mehrere Zeitungen gelesen. Regelmäßig traf er sich mit alten Genossen, die wie er meistens im VVN organisiert waren. Dort wurde Schach gespielt und diskutiert. Wir waren meistens mit dabei. Meine Großmutter hingegen füllte die klassische Hausfrauenrolle aus. Sie wußte eher über die Schlagerstars der DDR Bescheid und nähte uns Sachen zum Anziehen, wie wir sie wollten. Sie lebten äußerst sparsam und waren bieder eingerichtet. Zu allen Dingen in der Wohnung gab es eine persönliche Bindung, und jedes Ding wurde gepflegt. Zu Neuanschaffungen sahen sie keinen Grund. Weggeworfen wurde nichts.

Jeden Morgen – nachdem er mir ein selbst erdachtes Märchen erzählt hatte, mit Herrn Fuchs und Frau Elster als Hauptpersonen – machte mein Opa Frühsport. Es war für ihn ungemein wichtig, in guter körperlicher Verfassung zu sein, und eine bewahrenswerte Tradition der Arbeiterbewegung. Für das Recht auf sportliche, organisierte Betätigung hatte er gekämpft, und so war Frühsport eine Art Politik. Es gab für ihn eigentlich nichts, was so richtig privat war. Jede Tätigkeit war in einen größeren Zusammenhang eingeordnet. Das meint nicht nur eine politische Option, sondern immer auch eine menschliche. Das war so eine menschliche Version der Leistungsgesellschaft. Rumlabern ohne zu machen, konnte ihn mörderisch auf die Palme bringen. Bis ins hohe Alter kümmerte er sich um Belange des Hauses, in dem er lebte, die Straßenordnung, die Wiese vor dem Haus. Das tat er ohne Entgelt, wie viele andere Rentner, die oft öffentliche Arbeiten, zu denen jeder verpflichtet war, für die jungen Leute mitmachten, weil die schließlich in den Betrieben schaffen mußten. Wenn es für Reparaturen zu sorgen galt, dann fuhr mein Opa – er fuhr immer mit seinem alten Rad – auf die Ämter. Und er ließ sich nicht abweisen. Es war sein Recht, etwas für das Haus zu bekommen, und es war in seinen Augen die Pflicht jedes Verwaltungsmenschen, schnellstmöglich für Hilfe und Abhilfe zu sorgen. Die Arbeiter hatten die Pflicht zur Qualität, die Staatsbediensteten die Pflicht, den Arbeitenden zu dienen. Und klappte das nicht wie am Schnürchen, hielt er mit seiner Meinung nicht hinterm Berg, ging schnurstracks zum jeweiligen Vorgesetzten, gar bis zum verantwortlichen Minister, wenn er sich im Recht fühlte, was meistens der Fall war. Keine Sekretärin, keine Autorität konnte ihn aufhalten und – er erreichte, was er wollte.

Das Für-Andere-Dasein, andere auch zu infantilisieren, gekoppelt an eine Mit-dem-Kopf-durch-die-Wand-Mentalität, damit war für meine Eltern und mich dann später nicht immer einfach umzugehen. Aber es stellte so etwas wie eine Kontinuität zur Vergangenheit her, zwischen mir und der Geschichte. Zwar sprach mein Opa niemals viel über die Zeit des Faschismus und noch weniger über das, was er in der DDR wirklich erlebt hatte und was sich nicht mit seinen Vorstellungen von Sozialismus deckte, aber seine Haltung kam deutlich zum Ausdruck, eine Haltung aus dem täglichen Verhalten. Das brauchte keine Floskeln und konnte sich durchaus auch so äußern, daß es, weil ich Kaugummi kaute, eine Backpfeife gab, mit dem Kommentar »Amidreck – so was steckt man nicht in den Mund«. So unverständlich mir das damals war, so sehr hat mich das geprägt, wenigstens dort, wo es um die Ausbildung distinktiver Merkmale ging. Zum Beispiel bewußt keine Westklamotten zu benutzen, obwohl jeder wußte, daß man sich es leisten könnte.

Im Notfall sorgte mein Opa mit dem Stock für die Einhaltung seiner Regeln. Wenn etwa ein Jugendlicher auf der Straße einen Polizisten vollpöbelte, konnte es passieren, daß mein 70jähriger Opa den Krückstock nahm und dem »Lümmel« eins überzog – das hätte man sicher auch im Westen erleben können. Auch wenn einer Papierkörbe umschmiß oder einer alten Frau in der Straßenbahn keinen Platz lassen wollte, kam es nicht nur zu Wortgefechten. Das hatte für mich etwas von Zivilcourage und Anarchismus und nicht diese Blockwart- und Denunziantenmentalität oder das Desinteresse von heute. So wie er auf Passantenlümmel losging, ging er auch auf Parteigenossen und andere Amtsträger los, ohne Ansehen der Person oder der Dienststellung.

Obwohl das sicher von den Jugendlichen, von mir selbst, von der unbelasteten Generation so gesehen wurde, kann man nicht von Wertezwang reden, schon gar nicht im Sinne eines ideologischen Zwangs – es war wohl eher Nachahmungszwanglosigkeit, etwas unbestimmt Affirmatives, irgendwie eine Verpflichtung ohne Unterschrift, eine Pflicht zur Vollkommenheit und das nicht nur negativ konnotiert. Es gab in der Kämpfergeneration eine – berechtigte – Erwartungshaltung, ein Feindbild, unverbrüchliche Glaubensbekenntnisse und auch hohes Alter. Aber im Kreis der mir Bekannten war nicht die Doktrin: »Jeder der nicht dafür ist, ist dagegen« vorherrschend. Die hatten im KZ und im Strafbataillon gelernt, waren eher von der Luxemburg beeindruckt als von Thälmann und Stalin. Was nicht heißen soll, sie wären Liberale oder Pluralisten gewesen. Eine Erziehungsdikatur ging von ihnen nicht aus, jedenfalls habe ich das nicht so empfunden.

Aus einem Gespräch, das Mario Stumpfe mit K.H. führte.

Pflegeleichte Kleidung
»Präsent 20«
aus der synthetischen
Faser Grisuten

DIE LANGEN JAHRE DER DDR

Wir haben eigentlich immer gut verkauft

»Ich wurde 1938 geboren, 1945 war ich sieben Jahre alt. 1944 bin ich eingeschult worden, zu Ostern. Bin dann nur ganz kurze Zeit zur Schule gegangen und habe mit der 2. Klasse 1945 wieder weitergemacht im Oderbruch in einer Dorfschule. Alle Klassen waren in einem Klassenraum, die Kleinen vorn, die Großen hinten. Das war ganz lustig. Mein Bruder saß hinten, und ich saß vorn.

Wir mußten das Dorf räumen, mußten flüchten über die Oder. Von dort ging dann der Krieg in Richtung Berlin weiter. Wir haben in Wäldern gelebt und auf Bauerngehöften – die waren ja eigentlich überall verlassen –, wir haben uns irgendwie eine Bleibe gesucht. Als wir annahmen, der Krieg müßte nun zu Ende sein, sind wir umgedreht und Richtung Heimat gelaufen, meine Mutter, mein Bruder und ich und ein Handwagen. Meine Schwestern waren zu dieser Zeit in Berlin. Zuerst sind wir wieder in unserem Dorf angekommen. Mein Bruder ist dort geblieben. Meine Mutti und ich sind erstmal nach Berlin gelaufen und haben die beiden anderen Schwestern gesucht. Die waren schon erwachsen und verheiratet. Meine Schwestern und wir waren ausgebombt. Wir haben uns dann eine Wohnung gesucht. Das heißt, wir sind in irgendeine, von der wir dachten, daß sie leer sei, da sind wir eingezogen. Ob das bestätigt wurde, weiß ich nicht, wir haben Glück gehabt, daß wir dann bleiben konnten.

Mit der Schule haben wir wieder im September angefangen, und ich bin in die 2. Klasse eingeschult worden. Ich bin auch einer der ersten eifrigen Pioniere gewesen. Zu dieser Zeit haben nicht alle ein Pioniertuch gehabt. Mein Pioniertuch habe ich damals im Friedrichstadtpalast von Wilhelm Pieck bekommen. Ich war nicht nur guter Pionier, Religion hat mir genauso viel Spaß gemacht. Hatte aber nach einigen Jahren die Nase voll von den Pionieren, immer dieses ›Müssen‹. Es war in der 7. Klasse, ich sollte irgend etwas machen, was ich nicht wollte. Man sollte ja auch immer Vorbild sein, das wollte ich auch nicht immer. Und da habe ich dem Lehrer mein Halstuch auf den Tisch geknallt: ›Ich will nicht mehr Pionier sein.‹ Ich bin dann kurz vor der 8. Klasse wieder zur Besinnung gekommen und wieder eingetreten. Ich wollte zur Oberschule und das war ein bißchen abhängig davon. Und in der Oberschule sind wir dann auch automatisch in die FDJ aufgenommen worden. Ich glaube, das war in der 9. Klasse. Ich bin zwei Jahre zur Oberschule gegangen, bin dann aber nach der 10. Klasse abge-

»Präsent 20« Anzug

gangen, weil meine Mutti sehr krank war und als Rentnerin sehr wenig Geld hatte. Sie ist dann bald gestorben, und ich habe mir einen Beruf gesucht. Ich habe angefangen, beim Textilaußenhandel zu lernen. Und habe dort später viele Jahre gearbeitet. Nach drei Jahren Lehre habe ich 1957 als ›Außenhandelskaufmann‹ abgeschlossen. Ich habe dann lange Zeit erst beim Außenhandel als Geschäftsbearbeiterin und danach als Außenhandelskaufmann gearbeitet. Zwischenzeitlich habe ich 1960 meine Tochter bekommen. Ich habe sieben oder acht Monate ausgesetzt. 1967 habe ich zum Versorgungskontor für Industrietextilien gewechselt. Das war der Partner des Außenhandels, der den Großhandel Textilien und Industrietextilien betrieben hat. Dort habe ich bis 1969 gearbeitet. In dieser Zeit habe ich auch das Fachschulstudium angefangen als Fernstudium in Berlin. Von der Fachschule aus bin ich zum Textilkombinat Cottbus gekommen. Damals hat sich das Textilkombinat in Berlin in der Fachschule erkundigt, ob jemand Interesse hat, den Industrieladen des Betriebes in Berlin zu leiten. Zuerst hatte ich keine große Meinung. Es ist ja doch etwas anderes, als im Großhandel zu arbeiten. Unser Fachschuldirektor hat uns das jedoch recht schmackhaft gemacht. Außerdem haben uns die Leute aus Cottbus mit ihrer Begeisterung angesteckt. Der damalige Direktor war vom Neubau des Textilkombinates und der Ware selber sehr begeistert. Er hat uns mit dieser Begeisterung angesteckt, denn wir waren vom Einzelhandel überhaupt nicht gerührt. Dann haben eine Kollegin und ich den Laden aufgebaut. Wir hatten alle Vollmachten. Wir durften uns die Kollegen aussuchen, und wir konnten uns die Ware aussuchen. Wir haben von der Pieke auf alles alleine machen können.

Unser Laden nannte sich ›Präsent 20 – Industrieladen des Textilkombinates Cottbus‹. Die ersten zwei Jahre ging es ausschließlich um Präsent 20. Wir führten nur Damenbekleidung von Präsent 20 und ausschließlich aus Cottbus. Später mußten wir uns auch ein bißchen verändern, weil sich eigentlich im Einzelhandel eine so starke Spezialisierung einfach nicht rechnet. Es war so, daß die Leute auch andere Dinge sehen wollten. Der Name Präsent 20 ist entstanden zum 20. Jahrestag der DDR. Damals wurde das Werk gebaut. Präsent 20 ist also ein Geschenk zum 20. Jahrestag der DDR. Ich glaube, im Februar 1970 haben wir den Laden erst eröffnet. Das war für heutige Begriffe ein sehr großer Laden in Berlin in der Karl-Marx-Allee 87. Der war auch sehr schön hergerichtet. Oben und unten waren Holzschränke, und in der Mitte war eine offene Fläche. Da hingen dann die Kostüme nach Größe angeordnet Zu dieser Zeit hatten wir nur Kostüme im Angebot. Aber wie gesagt, die Farbe und das Muster wiederholten sich.

Wir haben an einem Sonnabend eröffnet. Da war ein großer Ansturm. Wir hatten nur zwei Stunden den Laden geöffnet, zwei Stunden verkauft. In diesen zwei Stunden haben wir 60 Kostüme verkauft. Das war dann später nicht mehr so. Aber wir haben eigentlich immer gut verkauft und haben recht gute Umsätze gemacht, von denen man heute nur träumen kann. Das hing auch damit zusammen, daß es zunächst nur wenige Läden gab, in denen Präsent 20 verkauft wurde. Ein Industrieladen des Textilkombinates Cottbus war noch in Dresden. Dann hatte Cottbus selbst noch einen Industrieladen. Dort wurde aber keine Konfektion, sondern Meterware verkauft, im Textilkombinat hergestellte Meterware.

Gleich am Anfang hatten wir das volle Sortiment. Da mußten wir nehmen, was kam. Wir waren das Aushängeschild des Betriebs und zu Anfang war es so, daß wir von einem Artikel 30 oder 40 Stück gekauft, aber auch verkauft haben. Jeder Kunde wollte so ein Kostüm haben damals. Das gehörte dazu. Aus Präsent 20 wurden Mäntel, Jacken und Anzüge hergestellt. Die Kolleginnen waren am Umsatz beteiligt. Sie bekamen einmal ihr Grundgehalt und eine Umsatzprämie von ungefähr 30 Prozent des Bruttogehaltes. Es war eine Höchstgrenze angesetzt bei 50 Prozent. Dann war Schluß. Die beste Umsatzzeit war die Saisoneröffnung im Frühjahr. Kostüme wurden im Frühjahr sehr viel gekauft. Die Ware war auch so interessant, daß wir Sonderverkäufe in verschiedenen Betrieben gemacht haben. Wir sind z. B. an die Ostsee gefahren in das Möbelplattenwerk. Da haben wir Präsent 20 verkauft. Auch in Wandlitz, im ›Dörfchen‹. Dort konnten auch bestimmte Leute mitfahren. Die Mannequins kamen vom Ministerium für Leichtindustrie, das war die Truppe, die auch in Leipzig die Modenschauen gemacht haben. Die Ministerfrauen haben auch gern Präsent 20 getragen, weil es neu und schön war. Ich denke, daß niemand in der DDR nicht Präsent 20 getragen hat. In meinem Umkreis hatte jeder irgend etwas aus diesem Material. Meine Familie sowieso.

Präsent 20 war eine schwerere Ware, eigentlich nur Röcke, Kostüm- und Mantelware. Wenn man Bekleidung verkauft, ist es aber besser und ratsamer, das dann eben komplett anzubieten. Es war dann in den Folgejahren so, daß wir Ergänzungssortimente hatten und auch Großrundstrickware in leichterer Qualität aus Gera oder Plauen anboten. Zum Anfang bestand Präsent 20 hauptsächlich aus rein synthetischen Fasern. Es wurde aus Importgarn gestrickt, aus Trevira. Ein ähnlicher Faserstoff wurde dann in der DDR entwickelt. Dieses Material kam aus Guben und aus Thüringen, das war das Grisuten. Später wurden Entwicklungen gemacht, denn die 100 Prozent Synthetikware hatte einige Nachteile. Sie war nicht so luftdurchlässsig, und man schwitzte leicht. Um Hautsympathien zu erreichen, gab es Entwicklungen mit Baumwolle, mit Wolle. Zum Schluß wurde nur noch mit Wollgemischen gearbeitet. Wenn dann hinterher die Ware geschmirgelt wurde, bekam das Material Flanellcharakter, so hat man das Strickbild verschwinden lassen. Aber da war es fast schon zu spät, weil man versäumt hatte, dem Kind einen anderen Namen zu geben. Mit diesem Namen wurde diese Ware mit dem ursprünglichen synthetischen Material in Zusammenhang gebracht. Präsent 20 war die Rundstrickvariante aus der synthetischen Faser Grisuten. Diese Kombination, das hat Präsent 20 ausgemacht. Das war der Beginn. Das Herstellungsverfahren war produktiv. Auf riesigen Rundstrickmaschinen konnte sehr schnell und mit wenig Fehlerquoten eine gute Meterware hergestellt werden. Der Schlauch kam dann raus, wie große Tonnen sah das aus. Man hat die Meterware dann aufgeschnitten, und die war ungefähr 1,50 m breit. Man hatte dann eine Breite, mit der man relativ gut arbeiten konnte. Rundgestrickt wurden sonst Strümpfe oder Wäsche, Herrenunterhemden zum Beispiel. Die haben ja selten eine Naht an der Seite. Bei Rundstrick konnte man allerdings keine großen Muster herstellen. Ein Musterrapport würde dann zu einer Spirale hochgehen. Oder man mußte das im Schnitt dann wieder hinkriegen. Man hatte auch mal versucht, große Karos herzustellen. Aber das ging nicht. Die Ware hat sich ansonsten gut verarbeitet, hat sich gut vernäht, hat sich nicht gezogen, hat nicht geknittert.

Cottbus hat die Fasern, das Grisuten, geliefert bekommen und dann die Rundstrickgeschichten gemacht. Auch die Meterware wurde dort komplett verarbeitet. Das war ein ganz moderner Betrieb mit Konfektionsmaschinen, nicht mit Nähmaschinen. Beispielsweise beim Rock wurden die Teile übereinandergelegt, eine Schiene wurde runtergeklappt, und an der nähte die Maschine alleine die Naht. Wir haben kaum Reklamationen gehabt, daß eine Naht schief oder krumm war. Die Anlage umfaßte alle Arbeitsschritte vom Zuschnitt über die Konfektion, die Bügelei bis hin zur Verpackung. Die Ware kam auf Bügel, es wurde eine Tüte darübergezogen, die wurde verschweißt. Später wurden die Tüten nur noch rübergezogen und nicht mehr zugeschweißt. Es war, denke ich, der modernste Konfektionsbetrieb in der DDR. Es war für unsere Begriffe damals eine ganz moderne Technik. Für westliche Verhältnisse war das normal.

Zunächst wurde die Kleidung gern gekauft, weil sie bunt war. Bis dahin war die DDR-Konfektion etwas traurig. Die Stoffe waren grau in grau. Durch die synthetischen Fasern konnte man leuchtende Farben bringen. Die Farben sind nicht verblaßt. Die Stricktechnik ermöglichte, daß sehr musterreich gearbeitet wurde. Es wurden sehr viele Experimente gemacht mit sehr auffälligen Mustern. Manchmal sagten wir dazu ›Ostereier‹ oder ähnliches. Anfangs fand man diese auffälligen Muster schön, aber später hat einen das eher abgestoßen. Die Konfektion wurde in hohen Stückzahlen produziert, die Muster haben sich dann oft wiederholt. Ein Kostüm war für den DDR-Bürger relativ teuer. Das kostete im Durchschnitt so um die 300 Mark. Das könnte fast ein Netto-Lohn gewesen sein. Und wenn sich dann jemand so etwas Teures geleistet hat und an der nächsten Ecke das gleiche Kostüm wiedergesehen hat, das hat dann auch viele abgestoßen. Es war Massenproduktion.

Die pflegeleichte Reinigung der Synthetiks hat die Leute auch erstmal angesprochen. Die DDR-Bürger haben auch lange Zeit später noch darauf geachtet, daß ein Stück waschbar war und daß man es in die Waschmaschine stecken konnte. Präsent 20 konnte dann jahrelang wie neu aussehen, wenn sie sich nicht Fadenzieher reingemacht haben. Das ist eben bei Strickware wie bei Strümpfen, man muß sehr vorsichtig sein. Daher hat sich die Ware bei Damenbekleidung noch mehr durchgesetzt als bei der Herrenbekleidung. Herren sind ja ein bißchen robuster. Die hatten eher irgendwo Fadenzieher. Wenn sie so einen Fadenzieher hatten, wurden solche Schlaufen gebildet. Das konnte man kaum wieder in Ordnung bringen.

Ich habe Präsent 20 damals mit Vorliebe getragen. Ich fand es auch schön. Wir standen als Verkäuferinnen hinter der Ware. Wir haben auch als Berufsbekleidung Kostüme aus diesem Material getragen. Zur Eröffnung hat jede ein anderes Kostüm getragen. Später hatten wir dann Röcke und Blusen, weil die Kostüme zu warm gewesen waren. Wir haben auch selber die Ware verarbeitet. Wir kriegten als Angestellte Restware. Stoffreste waren immer sehr beliebt. Man bekam ein ganzes Päckchen für vier Mark. Das war sehr billig. Die Reste haben für Röcke und Kinderbekleidung gereicht. Wir hatten auch eine Änderungsschneiderei bei uns im Laden. Das wurde als Dienstleistung gleich mit angeboten. Da haben wir alle nähen gelernt und haben natürlich aus den Resten immer Dinge gefertigt, die man sonst nicht bekommen konnte. Wir haben uns Modezeitschriften besorgt und viel nach Burda-Moden genäht. Ich habe Präsent 20 lange getragen, später dann auch die Mischgewebe.

Zu Anfang war es so, daß wir die Ware direkt vom Werk eingekauft haben. Bevor der Großhandel gekauft hat, haben wir erst disponiert. Wir haben anfänglich sehr viel disponiert. Uns hat die Ware gefallen. Richtige Vorstellungen von den Mengen haben wir auch nicht gehabt und einen riesigen Schreck gekriegt, als ein großer LKW vor unserer Tür gehalten und die Ware abgeladen hat. Auf dem Papier sah das gar nicht so viel aus. Dann sollten wir mittels eines Fernschreibgerätes die täglichen Verkaufszahlen pro Artikel durchgeben. Aus den achtstelligen Artikelnummern konnte man den Stoff, das Modell, die Farbe feststellen. Das sollte die Produktion beeinflussen. Das ging aber eigentlich nicht. Das kann man mit Brötchen machen, aber nicht mit einer Sache, die sich verändert. Bei Modesachen kann man nicht erst Einfluß auf die Herstellung nehmen, wenn man sie schon verkauft hat. Es war ein Trugschluß, daß man dachte, nachproduzieren zu können. Nach kurzer Zeit ist das dann auch wieder eingeschlafen. Wir waren dennoch sehr eng mit dem Betrieb zusammen. In der Regel waren wir zwei oder drei mal im Monat in Cottbus. Wir kannten die Produktion, die Stoffe. Bei der Vorbereitung wurden wir zu Rate gezogen. Unsere Meinung war gefragt, was die Mode betraf. Vom Entwurf bis hin zur Herstellung wurde alles in Cottbus gemacht.

Unser Einzelhandelsbetrieb wurde dann umgestaltet. Wir haben auch andere Artikel dazugenommen. Man hatte sich eben vorgestellt, daß man lange Zeit die gleichen Artikel in großer Menge verkaufen konnte. Das war ein Trugschluß. Mit Kostümen allein, da machte man nicht die Mode. Vom Einzelhandelskonzept her ist es nicht aufgegangen. Nachdem wir dann andere Sortimente hatten, hatten wir wohl in Berlin einen ganz guten Namen. Wir hatten guten Umsatz und 20 Verkäuferinnen und immer einen vollen Laden.

Dann wurden wir von der HO übernommen. Die Zentrale der HO hat den zentralen Einkauf für die anderen Einzelhandelsbetriebe gemacht. Meine Kollegin und ich waren dann noch immer für das Einkaufskollektiv für Berlin tätig. Sicherlich weil wir Erfahrung hatten und Interesse. Wenn man im Einkaufskollektiv war, konnte man für seinen Laden immer ein bißchen was rausholen. Auch als wir eben zu ›Exquisit‹ gekommen sind, waren wir im Einkaufskollektiv. Da ist es so gewesen, daß ein Kollektiv aus mehreren Leuten die Verträge für alle Einzelhandelsgeschäfte abgeschlossen hat. Verträge nach einer Schlüsselliste, jeder bekam seine Prozentzahl. Wir haben uns 14 Tage in Leipzig auf der Messe rumgetrieben, mußten auch manchmal zu Betrieben mitfahren. Das wurde dahingehend honoriert, daß wir von manchem guten Stück ein paar mehr bekommen haben. Wir hatten so auch Bückware im Laden.

Im sozialistischen Ausland ist Präsent 20 gut angekommen. In westliche Länder ist dieses Material auch exportiert worden. Es wurde dort auch hergestellt. Aber immer unter anderer Bezeichnung, weil ja drüben jeder Produzent oder Händler seiner Ware einen anderen Namen gab. Nach meiner Meinung ist es ein großes Minus gewesen, daß man die Ware in der DDR immer mit dem gleichen Logo gesehen hat. Das Etikett war immer gleich, immer mit Präsent 20, nur mit einem neuen Zusatz. Dann konnte man sich nicht entschließen, irgendwelche Reste wegzuschmeißen, da wurde eben alles daraus produziert: nicht nur Röcke, Anzüge, Kleider, Jacken sondern auch Taschen, Beutel, Hüte und Kinderbekleidung. Und das war dann nicht so schön. Es konnte halt vorkommen, daß ich in einem Kostüm auf die Straße gegangen bin, das 350 Mark gekostet hat, und jemand kam mir mit einem Hut oder einem Beutel aus dem gleichen Stoff entgegen. Das hat doch arg abgestoßen. Außerdem war der DDR-Markt natürlich zu klein für so große Stückzahlen.

Es konnte einem auch schon mal passieren, daß man dasselbe Kleidungsstück woanders wiedertraf. In den 70er Jahren wollte man dann doch schon lieber etwas Individuelleres tragen. Auf Modetrends konnte man in der DDR nicht reagieren. Ich war die ganzen Jahre im Einkaufskollektiv in Berlin tätig. Wir sollten im vorhinein sagen, wie sich die Mode entwickelt. Man kann die Mode aber nicht einplanen. Außerdem war die Risikofreudigkeit nicht sehr groß, und die Betriebe waren schwer von Begriff. Den Betrieben, wenn sie ihre Verträge abgeschlossen hatten, war es egal, was mit der Ware passierte. Denen war es egal, ob alles auf Halde lag oder im Laden rumhing oder ob es verkauft wurde. Der Betrieb hatte seinen Plan erfüllt und bekam sein Geld. Es war überhaupt kein Anreiz, irgend etwas zu verändern. Wenn zum Beispiel ein heißer Sommer war, es wurde nach Tops oder ärmellosen Blusen gefragt, dann hatte der Betrieb keine Kapazität mehr. Den Betrieb konnten Sie auf Knien bitten, die Modelle zu verändern. Der Betrieb hatte seinen Plan erfüllt, in dem Moment, wo die Ware das Tor verlassen hatte. Das ganze Risiko lag beim Handel, der dieses Risiko auch nicht eingehen wollte. Der Handel in der DDR war so aufgebaut, daß er fast ausschließlich über den Großhandel lief. Ein Großhandelsunternehmen des Bezirks hat für den ganzen Bezirk eingekauft und die Ware an den Einzelhandel verteilt. Selbst wenn es so war, daß die Ware nicht gefallen hat, bekamen wir die Order, den Plunder zu verkaufen. Man sagte, daß der Betrieb nicht ausgelastet sei und dann würden die Bänder stillstehen. Das heißt, wir mußten kaufen, obwohl wir von vornherein wußten, wir verkaufen es nicht. Durch all das wurde auch der Handel schwerfälliger. Dann war es auch noch eine Preisfrage. Wenn sich ein DDR-Bürger eine Bekleidung gekauft hat, dann war das eine Anschaffung. Dadurch war er beim Kauf auch nicht risikofreudig. Man sagte: Ich kaufe mir einen Rock, ich kaufe mir ein Kleid, aber ich muß das mindestens zwei Jahre tragen. Ich kann diesen Trend nicht so schnell mitmachen. Ein guter Mantel hat fast ein Monatsgehalt gekostet. Ein Mantel aus dem Exquisit-Geschäft hat um die 1.000 Mark gekostet. Das war für viele mehr als ein Monatsgehalt. Da hat man sich nicht jede Saison einen neuen Mantel gekauft. Da hat man die Sachen relativ lange getragen.«

Das Interview mit Frau S. führte Jörg Engelhardt.

TKC – Der Stoff, aus dem die Mythen sind

Alle Werktätigen unseres im schnellen Wachstum begriffenen VEB Textilkombinats freuen sich und sind mit Stolz erfüllt, daß Sie, verehrter Genosse Honecker, und die anderen Gäste zur Inbetriebnahme unseres Automatisierungsvorhabens zu Ehren des XX. Jahrestages unserer Republik in unserem Kollektiv weilen.

Auf der Leipziger Herbstmesse 1968 erhielten wir von unserem hochverehrten Gen. Walter Ulbricht den Auftrag, im alten Zentrum der Textilindustrie im Bezirk Cottbus mit dem Aufbau eines Textilkombinates zu beginnen und die Arbeiten so anzulegen, daß der erste Abschnitt dieses sozialistischen Großvorhabens zum XX. Jahrestag abgeschlossen werden kann und daß mit dem XX. Jahrestag die Erzeugnisse aus dem Kombinat der Bevölkerung angeboten werden können. Ich kann Ihnen heute melden, daß dieser Auftrag ausgefüllt wurde. Wichtigste Voraussetzung zur Erreichung dieser Spitzenleistung war die Sicherung der führenden Rolle der Partei, besonders unserer Grundorganisation.

Im Prozeß der Vorbereitung und Realisierung unseres Vorhabens bewährte sich besonders die Arbeit mit den Partei- und Gewerkschaftsaktiven. Diese kritisch geführten Beratungen strahlten auf die ganze Belegschaft aus. Damit schufen wir eine Atmosphäre des offenen, kameradschaftlichen Meinungsstreites aller am Automatisierungsvorhaben Beteiligten.

Eine grundsätzliche Bedeutung für die Vorbereitung und Durchführung des Vorhabens hatte die richtige Auswahl der Kader, besonders der Genossen und Kollegen, die erstmalig mit diesen neuen Aufgaben und dem zu beginnenden Tempo in Berührung kamen. Hier bewährte sich erneut die gründliche Erläuterung der Beschlüsse der Partei und Regierung. (...)

Heute, nach Vollendung eines weiteren Teilabschnittes, können wir unserer Parteiführung melden, daß es die Werktätigen als ihre Ehre ansehen, immer ohne Planrückstände zu arbeiten. Der mit großer politischer Verantwortung geführte Wettbewerb sicherte die im Komplexnetzplan enthaltenen Einzelaufgaben und führte zur einheitlichen Aufgabenstellung im Wettbewerb aller am Vorhaben Beteiligten und schuf somit die Voraussetzungen für alle beteiligten Kooperationspartner, ihre Zielstellungen, den wissenschaftlich-technischen Höchststand in Erzeugnisqualität, Verfahren und Kosten sowie bei der Baudurchführung zu erreichen und mitzubestimmen.

Der 1. Produktionsabschnitt wird durch folgende in der Grundsatzentscheidung festgelegte und in der Praxis im wesentlichen erreichte Größen charakterisiert:

- Textiles Flächengebilde 5 Mio qm = 1,1 Mio Anzüge
- Versorgungswirksame Produktion 1969 46.000 Anzüge 70.000 Kostüme
- Investitionsaufwand 90 Mio Mark, davon Bau 30 Mio Mark
- Produktionsfläche in Metall-Leichtbau voll klimatisiert 18.000 qm
- Automatisierungsgrad in der Strickerei 75 %

Durch den Minister für Leichtindustrie wurde folgender Hauptfristenplan festgelegt:
- Grundsatzentscheidung 30.09.68
- Baubeginn 15.10.68
- Rohbaufertigstellung 30.01.69
- Beginn des Probebetriebs 08.05.69
- Beginn des Dauerbetriebs und Inbetriebnahme R/300 30.06.69
- Versorgungswirksamkeit (Verkaufsbeginn) 31.10.69

(...)

Es hat sich bewährt, daß das Kombinat selbst die Generalauftragnehmerschaft sowie die Verfahrensträgerschaft als zukünftiger Nutzer übernommen hat. Dadurch konnten viele Arbeiten rationeller gestaltet werden und tragen nicht zuletzt dazu bei, den Investitionsaufwand zu verringern. Durch eine starke Kräftekonzentration sowie einer breiten sozialistischen Gemeinschaftsarbeit konnten die umfangreichen und komplizierten Aufgaben kurzfristig gelöst werden. Die komplizierte, stabsmäßige Leitung unmittelbar am Objekt auf allen Leitungsebenen war die führungsseitige Voraussetzung hierzu. (...)

Das Textilkombinat Cottbus bringt völlig neue Erzeugnisse, hergestellt nach einer neuen textilen Oberflächentechnologie, auf den Markt. Dabei erfolgt die textile Flächenbildung nach einer hochproduktiven Großrundstricktechnologie auf Großrundstrickmaschinen mit hohem Mechanisierungsgrad.

Die Qualifizierung unserer Werktätigen führt dazu, daß die projektierten Leistungen überboten werden. Das wird vor allem durch die Initiative unserer Strickerinnen erreicht, die den Beweis erbrachten, daß ein Arbeiten nach der normativen Zahl von acht Maschinen möglich ist, obwohl bekannte internationale Spitzenleistungen bisher bei fünf bis sechs Maschinen liegen.

Die Einführung der Großrundstricktechnologie bringt außerdem weitere Vorteile: Wegfall der bei der Weberei notwendigen Vorbereitungsarbeitsgänge (Spulen und Schären), schnelles Umrüsten der Maschinen bei Musterwechsel, große Variationsbreite der Musterungstechnik, damit wird eine hohe Flexibilität hinsichtlich der Anpassung an modebedingte Anforderungen des Absatzbedarfes gewährleistet.

Die Technologie des Großrundstrickens bringt mit ihrem hohen Mechanisierungsgrad nicht nur einen Sprung in der Arbeitsproduktivität, sondern läßt gleichzeitig mit Gestricken aus Polyester texturiert für Oberbekleidungszwecke ein textiles Flächengebilde entstehen, welches mit seinen wichtigsten Gebrauchswerteigenschaften den klassisch gewebten Erzeugnissen im Gebrauchswert überlegen ist, insbesondere in solchen Gebrauchswertkriterien wie:

- gute Formbeständigkeit
- geringes Knitterverhalten
- angenehmes Tragegefühl
- geringer Pflegeaufwand. (...)

Nach den Dispositionen der Produktionsleitung erfolgt die Belieferung der Strickmaschinen mit Hilfe automatisierter Transporteinrichtungen, die das Material an vorzuwählende Haltepunkte unmittelbar an die einzelnen Strickmaschinen befördern. Die Disposition und Überwachung des Transportes gehen von der Dispatcherzentrale aus, die mittels industriellen Fernsehens den reibungslosen Ablauf kontrollieren. Zur Zeit sind 88 Großrundstrickmaschinen installiert. Der hohe Automatisierungsgrad der Maschinen beschränkt die Tätigkeit der Stricker vorwiegend auf Überwachungsfunktionen, abgesehen von notwendigen Materialbeschickungen der Maschinen und dem Ausschneiden der Gestricke in Abständen von fünf bis sechs Stunden. (...)

In dem in Betrieb genommenen ersten Bauabschnitt ist der Zuschnitt und die Vorfertigung für den gesamten Cottbuser Konfektionsteil zentralisiert, mit der Technik des Welthöchststandes ausgerüstet und nach progressiven technologischen Verfahren als kontinuierlicher Warenfluß projektiert. Die projektierten Leistungen liegen um 8-13% über den aus Weltstandvergleichen bekannten Spitzenwerten. Wir verschweigen nicht, daß uns derzeitig die Probleme der Materialökonomie noch erhebliche Sorgen machen. (...)

Die von uns errichtete EDV-Anlage wird zur Zeit für die Bestandhaltung des Grundmaterials, für die Maschinenbelegung und Ablaufpläne der Strickerei, für den täglichen Leistungsnachweis sowie für den Plan-Ist-Vergleich genutzt. Mit Eröffnung des Industrieladens in Leipzig haben wir eine Datenfernübertragung zur Verfügung, die uns eine schnelle Disponibilität in der Versorgung der Bevölkerung sichert. (...)

Kurt Bullan, Generaldirektor des Textilkombinats Cottbus,
anläßlich eines Werkbesuchs von Erich Honecker am 29.9.1969, Typoskript

Frauen in der Bekleidungsfabrik
Treff-Modelle Berlin, 1984
eine Fotoserie von Helga Paris

Arbeiterinnen – ungeschminkt

1984 kam mir die Idee in der Kaufhalle. Als ich da stand und die Frauen ansah: Sie waren so offen in ihrem Minenspiel. Was die bewegte, das konnte man ablesen. Das Einkaufen war ja schwierig genug, und wenn sie dann in der Kassenreihe standen, warteten sie oft sehr lange. Dann beruhigten sich die Gesichter, und ich dachte: Die sehen eigentlich schön aus. Nur gings natürlich nicht, dort zu fotografieren. Dann fiel mir ein, daß bei Treff-Modelle viele Frauen arbeiten. So habe ich mir diesen Betrieb gewählt, um Frauen in Situationen zu fotografieren, in denen sie bei sich selber sind. Ich habe eine Genehmigung über den Verband Bildender Künstler erhalten.

Zuerst hat mich doch die Produktion selber gefangengenommen, zu sehen, wie die Frauen arbeiteten, auch wie es ist, am Band zu arbeiten. Da ich während meines Studiums dort ein Praktikum gemacht hatte, kannte ich alles noch ganz gut. Ende der 50er Jahre mußten die Frauen ganz schön hart arbeiten, und das im Schichtsystem. Doch jetzt war ich sehr erstaunt, daß sich diese Intensität nicht gesteigert hatte, sondern im Gegenteil. Also meistens war kein Material da, und das bedeutete Ausfall. Außerdem mußten sie immer, weil sie sich für Sonderschichten verpflichtet hatten, sonntags arbeiten, feiertags arbeiten, mußten sich also in der alltäglichen Arbeit bremsen. Die älteren Frauen, die rackerten noch sehr, wie früher, die wollten vor allem Geld machen.

Ich beobachtete ein ungeheueres Selbstbewußtsein bei den jüngeren Frauen. Die wollten arbeiten, weil es ihnen zu Hause zu langweilig war, wollten im Kollektiv sein und wollten auch ein bißchen Geld verdienen. Sie sind gern zum Rauchen auf den Dachgarten gegangen. Den hat man dann geschlossen. Halbtags wollten sie sich um die Kinder kümmern. Sie wollten also beides: den Beruf mit der Geselligkeit im Kollektiv und noch dazu Zeit für die Familie, das fand ich ungeheuerlich. Sie waren so weit, daß sie genau, ohne dieses Theoretische, den Feminismus oder so, vieles praktiziert haben. Auch was ich an Gesprächen gehört habe über die Männer: Die Frauen fühlten sich denen gegenüber überlegen, auch den höhergestellten Kollegen. Mit denen sind sie ganz schön herb umgegangen. Sie fühlten sich nicht so ausgeliefert, wie ich gedacht hatte. Ich war sehr beeindruckt von den Frauen.

Ich habe auch gearbeitet mit ihnen. Wenn es doof war und ich fühlte, daß sich gerade nichts Besonderes tat, habe ich mich auch an die Maschine gesetzt, habe ich auch so Kragendinger und ähnliches genäht. Und das war wirklich sehr eigenartig: so dieses immer schneller und immer sicherer. Die Teile nehmen und hinlegen, nähen, probieren, wie es am rationellsten ist. Das fand ich interessant. Dann bin ich zunächst rumgegangen und habe die Schwere der Arbeit fotografiert, wie die Frauen hinter Bergen von Textilien sitzen. Eigentlich hat mich der Vorgang abgelenkt, so bin ich nicht weitergekommen.

Dann habe ich es erst mal sein lassen ein halbes Jahr und sagte, nein, die Bilder habe ich alle schon gesehen, das ist nichts Neues. Dann ergab es sich, daß die Gesellschaft für Fotografie fragte, wer ein Projekt hat, was sie unterstützen könnten. Und so habe ich 2000 Mark gekriegt, und sie wollten dann die fertige Arbeit dafür haben. Das war der Anlaß, weshalb ich mich nochmal überwunden habe, denn es war für mich eigentlich erledigt. Ich bin aufgrund dessen nochmal hin und wußte jetzt genau, was ich machen werde. Ich habe dann diese ganze Serie innerhalb einer Woche gemacht. Bin so durchgegangen, kannte mich ja aus. Wenn es vier oder fünf Frauen waren, also kleine Abteilungen, dann habe ich sie dort fotografiert. Oder ich habe sie mit auf die Treppe rausgenommen. Ich habe mehr im Kleinen fotografiert, habe die Frauen zur Seite genommen. In den großen Räumen habe ich nicht fotografiert, das gibt zu viel Gekreische und Gekicher. Dort können sie sich nicht absetzen.

Sie fühlten sich sicher, und wenn sie hörten, daß da eine ist, die einen fotografiert, dann war das auch schon wie ein Herausheben. Es ging dann immer ziemlich schnell: Ich habe sie genommen und nur gesagt, daß sie nichts weiter machen sollen. Nicht einmal lachen müssen sie. Wie sie sich gerade fühlen. Es klappt eigentlich immer, daß man mindestens vier oder fünf Bilder kriegt, wo sie sich noch nicht die Fragen stellen: Wie sehe ich denn eigentlich aus, was mache ich hier eigentlich. Das ist der innere Dialog, den muß man mit Gesprächen nochmal neu überwinden. Meistens habe ich die erste Phase ausgenutzt. Dann sind sie auch noch so in der Ruhe, sie sind sie, ohne daß da der Fotoapparat schon so eine gewisse Macht hat. Dieses »ja wie fühle ich mich eigentlich, ja warum auch nicht«, das hält nicht so sehr lange an.

Ich hatte auch überhaupt kein Auswahlprinzip also nach Schönheit oder Attraktivität, ganz im Gegenteil. Manchmal, wenn ich zu einer Gruppe von Frauen kam, hätte ich zum Anfang nicht gedacht, daß sie, zunächst unscheinbar, diese Schönheit entwickeln. Das kommt durch ihren Blick, wie sehr sie sich öffnen. Das ist der ausschlaggebende Faktor der Lebendigkeit. Der Blick findet das Interesse des Zuschauers, und der kann eigentlich gar nicht sagen, wieso. Später wurde auch öfter gesagt, besonders in Westberlin, die Frauen seien alle so traurig. Ich habe dann immer gefragt: meinen Sie traurig oder ernst? Und dann kam heraus, daß sie »ernst« meinten. Sie sind ernst, sie sind sich bewußt, aber »traurig« ist nun ein merkwürdiger Begriff, da muß man eigentlich immer nochmal nachfragen, was gemeint ist. Ich finde sie nicht traurig.

Das war meine Fragestellung: was in den Gesichtern passiert, wenn sie zur Ruhe kommen. Das hat nichts mit der Fabrik zu tun, die im Hintergrund steht. Eigentlich mehr mit der Uniformität und doch Vielfältigkeit. Also diese deutschen Kittel, das ist noch eine Welt für sich. Das war mir sehr wichtig, daß alle Frauen, bis auf eine, so einen Kittel anhaben, fast wie eine Uniform, mit diesem uniformen Hintergrund. Und dann eben nur etwas in den Gesichtern, nur da unterscheiden sie sich. Manchmal eine kleine Haltung. Sie haben sich nicht für den Fototermin frisiert. Nicht, daß es sie nicht interessiert hat, wie sie aussehen, aber es war einfach so. Für diese Art, wie ich sie fotografieren wollte, war das nicht so wichtig. Sie rannten auch nicht dauernd aufs Klo, um sich die Lippen nachzuziehen.

Ich habe die Fotos dann auch in den Betrieb mitgenommen, und die Frauen waren erstmal erschrocken. Obwohl die anderen sagten, daß sie schön sind. Sie selber kennen sich nicht, wer kennt sich schon auf so ernsthaften Bildern. Wir kennen uns alle nur auf Farbbildern, auf denen man lächelt. Das war schon eine gewisse Erfahrung für die Frauen, immer wieder eine Überraschung. Das engelhafte Mädchen hier fand sich nicht schön. Ich sagte nur, wie kannst du sowas sagen, das ist doch so nett. Nein, sagte sie, das ist mir fremd. Sie hat sich aber mit der Zeit reingefunden. Die Kolleginnen sagten: Das ist richtig, so siehst Du aus, das war dann überzeugend. Es hat niemand so richtig sein Bild abgelehnt. Aber sie mußten sich daran gewöhnen.

Ich habe ihnen auch gesagt, daß die Ausstellung eröffnet wird, aber ob dann viele da waren, und ob sie dann wirklich das Ergebnis als Kunst, als Form der Öffentlichkeit verstanden haben? Ich habe den Eindruck gehabt, daß sie das gar nicht mehr interessiert. Ihre Bilder ja. Ob sie sich akzeptieren oder nicht, aber nicht als Genehmigung gemeint, eher so: »Ja, können Sie nehmen«, ganz großzügig.

Das Gespräch mit Helga Paris führte Jörg Engelhardt.

Ich glitt so mit. Es gab keine Probleme

»Geboren bin ich 1963 in Cottbus. Folglich bin ich kein Deutscher mehr, sondern ein DDR-Bürger, hineingeboren in die Wirtschaftswunderjahre Ost. Meine frühesten Erinnerungen wissen von einem kleinen Laden zu berichten, in dem es damals noch Südfrüchte und sogar Hummer – war es Hummer oder russische Krebse, ist egal oder ernstzunehmende Zeichen einer Ostalgie – zu kaufen gab. Meine Eltern, beide Lehrer, hatten sehr früh ein Auto. Sie konnten sich das durch Oma und Opa leisten,denn als antifaschistische Widerstandskämpfer hatten sie eine recht hohe Rente, im Vergleich mit den Durchschnitts- bzw. Mindestrenten. Von der Rente spendeten sie einen beträchtlichen Teil – jeder so ungefähr 200 Mark, was damals viel Geld war (die ganze Rente meiner anderen Oma) – für die internationale Solidarität, der Rest wurde gespart und/oder für die Kinder und Enkel ausgegeben.

Die ersten drei Jahre meines Lebens habe ich mehr oder weniger bei Oma und Opa verbracht. Ich durfte so ziemlich alles machen, was ich wollte. Wir sind viel rumgefahren, immer mit dem Fahrrad. Wenn mein Vater mich zu dieser Zeit abholen kam, habe ich mich versteckt. Ich wollte bei den Großeltern bleiben. Erst als meine Schwester geboren wurde – sie ist gut drei Jahre jünger als ich –, war es mit dem ständigen bei Oma-und-Opa-Sein vorbei und die antiautoritäre, lose Erziehung meiner Eltern setzte ein. Lose meint, es war nicht die Art meines Opas alles zu gestatten und bestimmte Dinge über Autorität durchzusetzen. Es war eine Erziehung durch Liebe, durch sanfte Bestrafung, Liebesentzug etc., nicht durch Schläge oder offene Autorität. Und ich war nicht mehr allein. Meine Schwester war da und mir wurde von Anfang an Verantwortung auferlegt und das war gut so, jedenfalls aus heutiger Perspektive. Mit vier Jahren paßte ich bereits auf meine Schwester auf, wenn die Eltern Abends mit Freunden ausgingen und sie waren ziemlich gesellig. Mein Opa schlug deshalb oft Krach, fand die Jugend verantwortungslos. Natürlich hatte ich Angst allein zu Hause, um mich und das kleine Würmchen. Aber wenn es gar nicht ging, konnte ich bei den Nachbarn klingeln, und die trösteten dann und verscheuchten die Gespenster.

Schon mit fünf Jahren hatte ich eigene Wohnungsschlüssel, war ich ein Schlüsselkind, wie das im damaligen Bekanntenkreis üblich war. Meine Schwester hatte ich zum Kindergarten mitzunehmen oder von dort abzuholen, jedenfalls von da an, als wir beide in den selben Kindergarten ganz in der Nähe unserer Wohnung gingen. Davor brachte mich mein Vater mit seinem altgedienten Sportrad in die KiTa, falls es meine Mutter schaffte, meine Schwester und mich anzuziehen. War das eine Kind fertig, hatte sich das andere wieder ausgezogen, denn meine Schwester und ich teilten die Abneigung gegen die KiTa.

Meine Eltern arbeiteten beide sehr viel, mein Vater schon in der Abteilung Volksbildung beim Rat der Stadt – seitdem war er kaum zu Hause und trotzdem baute er dann in der Nacht ein Puppenhaus für meine Schwester und eine Eisenbahnplatte für mich –, meine Mutter in der Erweiterten Oberschule direkt neben der KiTa. Oft stand meine Schwester und ich traurig am Kindergartenzaun, der zugleich auch den Pausenhof der Schule begrenzte. Meine Mutter konnte dann vor lauter Mitleid mit uns abgegebenen Kindern die Pausenaufsicht nicht durchführen. Nachmittags nahm sie sich Zeit für uns, machte ihre Stundenvorbereitungen irgendwann des Nachts, und morgens ging dann die Heulerei der Kinder wieder los, wenn sie in den Kindergarten sollten. Wenn wir krank waren und nicht in den Kindergarten durften – ich hatte zu der Zeit oft Bronchitis, weil die Luft in Cottbus wegen der Braunkohlekraftwerke, den Dreckschleudern wie sie alle nannten, sehr schlecht war – nahm meine Mutter uns mit in die Schule. Wir saßen da ruhig zwischen den beinahe erwachsenen Schülern und spielten irgendwas. Wir müssen überhaupt sehr diszipliniert, sehr artig gewesen sein, ob auf der Schulbank oder in den Ferien, denn es kam vor, daß meine Mutter allein mit uns in Urlaub an die Ostsee fuhr. Sie hatte lange Sommerferien und besonders ich brauchte die gesunde Seeluft. Mein Vater kam später nach oder fuhr eher los und wurde manchmal sogar vom Strand weg in die Arbeitsstelle befohlen und das nicht etwa, weil riesig Wichtiges anlag, sondern weil in irgendeiner Schule das Klo verstopft war und der Herr Hausmeister, also ein Mitglied der herrschenden Klasse, nicht Willens oder in der Lage war, die Verstopfung zu beseitigen. Da wurde eben der Chef rangeholt, einer, der in seiner Kaderakte ein »I« stehen hatte, also zur Intelligenz gehörte und die war Beiwerk zur Arbeiter und Bauernmacht, ein notwendiges Übel. Intelligenz- oder gar intellektuellenfreundlich war die DDR während ihres ganzen Bestehens nicht. Sie war ihnen auch nicht direkt feindlich gesinnt, hatte wohl eher Angst vor ihnen, besonders vor allen, die mehr als das Mittelmaß anbieten konnten. Die Intelligenz mußte sich immer rechtfertigen, sich legitimieren gegenüber der herrschenden Klasse, also gegenüber den A(rbeitern)+B(auern), die ihr schließlich das Intelligent-Sein erst ermöglicht haben und in deren Augen die Intelligenzler unnötiger Ballast waren, Leute, die nicht körperlich Arbeiten konnten und/oder wollten, die miternährt wurden und immer unter dem Verdacht der Bürgerlichkeit standen. Staatsangestellte wie mein Vater waren nicht nur vernünftig und verantwortlich handelnde Leiter, sie waren auch und gerade als Intelligenzler aufopferungsvoll in ihre und die Arbeit Fremder verstrickt. Sie sollten beweisen wollen, was in ihnen steckt, den Arbeiteraugen und der Arbeiterpartei zeigen, wie notwendig sie sind und sie wollten sich sicher auch dankbar erweisen gegenüber der Macht, die sie vom Dorf in die Universitäten und an die mittleren Schalthebel der Macht geholt hatte, auch dann noch, wenn diese Hebel immer wieder blockiert und in absurde Richtungen bewegt wurden. Sie waren keine halbgebildeten Parteikader, die zufällig und per Dekret einen Platz ausfüllten, weil man sie dorthin gesetzt hatte. Sie waren hochqualifizierte Fachkräfte und sich dessen bewußt, die nicht selten an unqualifizierten Weisungen verzweifelten oder diese mit viel Geschick zu umschiffen suchten oder einfach das Beste daraus machten oder resignierten.

Der Hausarbeitskram wurde von beiden Eltern eher widerwillig erledigt, meistens schnell, schnell am Sonnabend-Vormittag von meinem Vater, weil meine Mutter da noch Unterricht hatte. Auch kochte er sonnabends, sonntags dann meine Mutter, manchmal auch umgekehrt. Sonst, in der Woche, wurde nie gekocht, weil alle außerhalb gegessen haben, vollversorgt von des Staates Großküchen. Abendbrot war irgendwie heilig, denn das war die einzige Zeit des Tages, wo sich die ganze Familie traf, wo Tagesereignisse besprochen wurden, immer offen vor uns Kindern.

Ab 1970 waren wir jedes Wochenende auf der Datsche, die mein Vater und mein Opa selbst gebaut hatten, an einem kleinen, sauberen See. Die Datsche, das ist eine kleine Buchte von 15 qm auf insgesamt vielleicht 300 qm Land. Im Innern ist sie aufgebaut wie eine Bienenwabe, also möglichst funktional, um einerseits den Bedürfnissen der Nutzer – Eltern und Kinder waren gleichberechtigt – gerecht zu werden und diese auch voneinander zu trennen. Wichtig war nie das Häuschen, wichtig war das Draußen-Sein und möglichst nutzlose Sträucher und Bäume zu pflanzen. Nutzlosigkeit war etwas Besonderes, denn viele verbesserten ihr Einkommen mit Datschen-Gärten, züchteten Viecher und Grünzeug, das ihnen der Staat zu Preisen abkaufte, die weit über den EVP's, den Einzelverbraucherpreisen im Handel lagen, d.h. es war sinnvoller, seine privaten Erträge zu verkaufen und dann wieder zu kaufen – man bekam Obst und Gemüse oder Eier, Hühner und Kaninchen dann quasi umsonst und noch einen kleinen Obolus obendrauf. Auf den Dörfern wurde das privat Angebaute an den Handel verkauft und anschließend wurde mit dem viel zu billigen Brot die Schweineherde gefüttert. Man konnte sich dabei eine goldene Nase verdienen – bei meiner Oma auf dem Dorf gab es nicht umsonst die »Straße der Millionäre«. Und mein Onkel baute im Gewächshaus Frühgemüse an, züchtete Kaninchen, Nutrias usw. Die Verwandtschaft konnte sich nicht vorstellen, daß wir das nicht taten, daß man sich einfach nutzlos erholte, überhaupt sich erholte, weil Lehrer und andere Intelligenzler sowieso niemals arbeiteten. Nutzlosigkeit, in der Freizeit nicht dies oder jenes tauschen, bauen, pflanzen oder besorgen, in der Freizeit nicht arbeiten, war insofern auch immer distinktives Mittel.

Von meinen Eltern wurde Fehlen nicht als Mangel an Lebensqualität akzeptiert. Fehlen gehörte dazu und in Schlangen stellte man sich nicht, es sei denn, es war Sylvester, und die Kinder wollten knallen. Und u.a. aus dieser Perspektive ist das kurzschlüssige Sprechen und Schreiben von der Mangelgesellschaft, die zu einer weitgehenden Entdifferenzierung und Demodernisierung der DDR-Gesellschaft geführt haben soll, schlicht falsch, vielmehr erzeugt Fehlen verschiedene Arten des Umgangs damit, folglich auch verschiedene Lebensstile. Westliche Überfülle und östlicher Mangel haben ähnlich differenzierende Wirkungen, wenn sich das auch in grundverschiedenen Dispositionen äußert.

Bei meinen Großeltern war ich nach wie vor sehr oft. Mein Opa kam oft gegen den Willen meiner Eltern in den Kindergarten und holte seine Enkel frühzeitig ab – nur meine Oma konnte für die Enkel gut genug kochen, und überhaupt Kindergarten – Kinder brauchen Eltern und keine Tanten. Sein Mißtrauen in die Haushaltsführung meiner Eltern ging so weit, daß er, wenn wir in Urlaub waren, mit dem Rad angefahren kam und Essen brachte. Es war aber sicher nicht nur diesen Mißtrauen in die Küche der jungen Leute, es war auch Gebrauchtwerden-wollen, Unterstützungsbereitschaft im Sinne von Familien- und Generationensolidarität und eine tolerantes Unverständnis gegenüber Lebensstilen, wie sie meine Eltern und ihre Freunde entwickelten. Obwohl meine Eltern Ende der Sechziger noch immer ein sehr bescheidenes Einkommen hatten, also jede Hilfe von Oma und Opa recht kam, unterschied sich ihr Lebensstil sehr von dem ihrer Eltern, von dem der ganzen östlichen Verwandtschaft. Aus der Tradition der Arbeiterbewegung und des Bürgertums überkommene asketische Lebensweisen hatten sich als kulturelle Leitthemen auch in den DDR-Alltag eingeschrieben, und die kollidierten mit den Wertvorstellungen meiner Eltern, besonders mit denen meiner Mutter. Ein gewisser Hedonismus äußerte sich bei ihnen oder bei ihr jedoch weniger in Konsumwünschen als im Wunsch nach den feinen Unterschieden, die dann intersubjektiv mit Freunden geteilt oder im privaten Raum umgesetzt wurden. Letzteres meint nicht nur die Wohnungsgestaltung, sondern u.a. auch die Erziehung der Kinder und das Verhältnis zu sich als Frau. Und obwohl es Auseinandersetzungen gab, wurde das von den Großeltern unterstützt; so nähte meine Oma z.B. die schrägen, von Pariser Designern abgekupferten Kleider meiner Mutter oder kürzte die Röcke, obwohl sie das nicht akzeptierte.

Von Klein auf hatten meine Eltern uns zwei mit in den Urlaub genommen, Anfangs zum Zelten an Seen in der weiteren Umgebung oder am Oderhaff, später an die Ostsee und im Winter ins Gebirge, und als es ihnen finanziell besser ging in alle erreichbaren Länder, also sommers nach Bulgarien oder Ungarn und winters nach Polen oder in die SU. Nur nicht mit durften wir, vermutlich wegen geargwöhnter Fluchtgefahr, auf Reisen in die BRD, nach Jugoslawien und Cuba. Als mein Vater 1974 das erste Mal in die BRD fuhr, wußten wir nicht mal, wohin er fährt. Als er dann ziemlich regelmäßig nach Cuba zu fahren begann, klapperten die zuständigen Reisekaderstellen die Nachbarn ab und erkundigten sich nach unserem Familienleben, befragten wildfremde Leute, ob meine Eltern eine gute Ehe führen würden... Hätte sich auch nur einer geärgert, daß ich ihm drei Kirschen vom Baum geklaut oder seinen Hund verjagt habe, wäre mein Vater nicht gefahren und wäre er noch so kompetent gewesen und hätte er den Kollegen im cubanischen Volksbildungsmanagement auch noch so helfen können. Und das, dieses permanente Mißtrauen des Staates in seine Bürger und sogar in seine mittleren und hohen Funktionseliten, die permanente Vorverurteilung und die damit einhergehende Blockwartmentalität – du warst eben nicht unschuldig, bis deine Schuld erwiesen war, sondern schuldig, bis du oder ominöse Zeugen deine Unschuld bezeugt hatten – das hat mich immer gewundert und geärgert. Das mußte schließlich zur Feindhysterie der letzten Jahre führen. Anfangs, in der Konsolidierungszeit der DDR, war das harte Freund-Feind-Schema irgendwie verstehbar, später war es nur noch grotesk und erreichte eigentlich nur das Gegenteil, erzeugte seine Feinde zunächst künstlich bis die die Nase voll hatten und wirkliche Feinde wurden. Der Staat war von Anfang an darauf versessen, sich Feinde zu machen, bis er sich seine ganze Basis zum Feind gemacht hatte, damit sich selbst sein eigener Feind war und einfach verschwand. Das hat ja auch was komisches. Seine wirklichen Feinde hat er nie verfolgt.«

Die Schule – ich wurde 1970 eingeschult – nimmt einen aus der Obhut, man fühlt sich einer Institution ausgeliefert, zu Leistungen getrieben, die man eigentlich überhaupt nicht will. Zuwider war mir von Anfang an der Sportunterricht. Nicht weil ich was gegen Sport gehabt hätte, sondern weil Sport in der Schule etwas militärisches hatte, offen auf Disziplinierung hin angelegt war. Als Schüler habe ich das nicht so gesehen. Mich hat gestört, daß wir solche weibischen Sachen wie Bodenturnen mit irgendwelchen komischen Pirouetten machen mußten, daß man sich ständig überwinden sollte, einer befremdlichen, weil ungewohnten Autorität und Zucht ausgeliefert war. Selbst die gelegentlichen Spiele waren immer auf Gewinner zugeschnitten. Es gab nicht das einfache Spiel. Im normalen Unterricht habe ich nie verstanden, daß irgendwelche Dinge, die für mich keine oder kaum eine Bedeutung hatten, von mir auswendig gelernt werden sollten. Für mich mußte es Geschichten geben, nicht pure Fakten, pures, stupides Lernen auf ein imaginäres Ziel hin. Gute bis sehr gute Zensuren hatte ich trotzdem, nur in den Sprachen, besonders in Russisch, nicht, weil ich mich da nicht durchschmuggeln konnte. Und Englisch zu lernen, sah ich anfangs keine Veranlassung, weil ich mit Leuten, die das sprachen, nichts zu tun hatte, und warum sollte ich schwimmen lernen, wenn ich in der Wüste wohnte.

Außerhalb der Schule hatte ich sehr viel Zeit für mich allein, weil ich nicht in den Hort mußte, meine Eltern mich nach der Schule nach Hause gehen ließen, wo ich dann tun und lassen konnte, was ich wollte. Unter Leistungsstreß setzten sie mich nie. Ich kann mich nicht entsinnen, daß ich für eine schlechte Zensur oder gar einen Tadel ernstlich gerügt worden wäre. Für mindestens drei Stunden war ich jeden Tag allein. Hausaufgaben kontrollierte niemand. Ich war allein verantwortlich, was meine Schulbelange betraf. Auch durfte ich, im Gegensatz zu den meisten anderen, soviel Freunde wie ich wollte mit nach Hause, in die Wohnung nehmen. Das meiste aber spielte sich sowieso auf der Straße, im Hof oder im nahen Wald ab. Oft bin ich auch gleich nach der Schule zu Oma und Opa gefahren.

Wie alle wurde ich Jungpionier und Pionier, sammelte Altpapier und besserte so mein Taschengeld auf, arbeitete in der AG-Geschichte, war immer schön brav, höchstens ein bißchen unordentlich. Dreimal in der Woche ging ich zum Judo, später zum Ringen und wurde gar Bezirksmeister. Die Vereinsmeierei hat mich weder besonders interessiert noch nicht interessiert, ich habe mich weder hervorgetan noch entgegengestellt. Ich glitt so mit. Es gab keine Probleme. Beengt habe ich mich bis hierhin nie gefühlt.

Erst in der 7./ 8. Klasse wurde das ein bißchen anders, gab es Veränderungen, die mit Politik nichts am Hut hatten – was ein Politikum in der DDR war, bestimmte aber in den seltensten Fällen man selbst, sondern meistens die Gesellschaft, d.h., im Nachhinein wurde ein Verhalten politisiert, als dafür oder dagegen klassifiziert. Und Menschen, vor allem Jugendliche zu klassifizieren und nach den eigenen Maßstäben – und nur den eigenen – in Werteschablonen zu pressen, das war DDR. Das war und ist auch die BRD, nur läuft das hier viel subtiler ab. Man hat aus 1968 zumindest das gelernt.

Mario Stumpfe

Ordnung, Sauberkeit, Anpassungsfähigkeit

»Während meiner Anwesenheit am 7.11.1974 konnte ich mich davon überzeugen, welche Fürsorge jedem Kind zukommt. Besonders augenfällig ist die Ordnung und Sauberkeit der Einrichtung. Das kann ich besonders dadurch bekräftigen, daß meine Kinder ... sich ständig bester Gesundheit erfreuen.«

»Die Zimmer sind hell, freundlich, nett eingerichtet und sauber. Hygiene wird großgeschrieben, um unsere Kinder gesund zu erhalten. Leider waren wegen Krankheit nur zwei Kinder anwesend. Dadurch konnte die Beschäftigung nur bedingt durchgeführt werden (...) Wir konnten uns anschaulich davon überzeugen, mit wieviel Liebe und Sorgfalt unsere Kinder ... zu kleinen sozialistischen Persönlichkeiten erzogen werden.«

»Besonders gefiel mir, daß alles sehr sauber war und die Erziehungsmaßnahmen ständig und intensiv durchgeführt werden und Buch darüber geführt wird. Daran kann man jederzeit erkennen, welchen geistigen und körperlichen Entwicklungsstand die Kinder haben.«

»Was mich beeindruckte, waren die Zimmer. Sie sind wie ein Spielzeugland eingerichtet, eins wie das andere, mit den verschiedensten Formen und Gestalten.

»Während der Hospitation erläuterte mir Frau X. den Erziehungsplan und die täglichen Aufgaben, die den Kleinen gestellt werden. Liebevoll und mit viel Mühe beschäftigt sich Frau X. mit den Kindern. Das kann eine Mutti nicht besser machen. Ich glaube sogar, daß man sich zu Hause nicht diese Zeit nimmt, Erziehungsaufgaben planvoll durchzuführen. Oft weiß man auch den Entwicklungsstand nicht, den das Kind im jeweiligen Alter haben muß.«

»Nach dieser Hospitation bin ich sehr beruhigt. Ich habe selbst gesehen, daß es dem Kleinen an nichts fehlt. Er bekommt alles, was er benötigt – ein sauberes Bett, gute Nahrung, hübsches Spielzeug und vor allem die liebevolle Betreuung durch Frau X. und ihre Kolleginnen. Besonders gut finde ich, daß nach einem genau ausgearbeiteten Plan die Säuglinge so betreut werden, damit sie den für die Altersstufe normalen Entwicklungsstand erreichen. Vielen Dank auch für die guten Ratschläge. Wir werden uns bemühen, unseren Sohn danach zu erziehen, um den Erzieherinnen ihre Arbeit zu erleichtern.«

»Man spürt es selber, wie umhegt unsere Kleinen werden. Zu jeder Zeit ein liebes Wort auf den Lippen. Die Kinder fühlen sich richtig hingezogen zu ihren Pflegemuttis. Auch war ich von den Lehrmethoden angenehm überrascht, wie zielstrebig unsere Kinder doch schon in der Krippe erzogen werden. Dies kann wirklich nur meine vollste Zustimmung erhalten. Denn nur so kann man die Kinder zu kleinen sozialistischen Persönlichkeiten erziehen, wenn die Krippe und das Elternhaus beizeiten mit einer vernünftigen Erziehung beginnen. Ich gewann einen guten Einblick in die Erziehungsmethoden, denn ich möchte stets versuchen, mit den Krippenerzieherinnen einheitlich zu handeln, um die Entwicklung meines Sohnes positiv zu beeinflussen (...)«

»Nachdem bereits meine Frau einmal Gelegenheit hatte, bei unserer Tochter H. zu hospitieren, konnte nun auch ich die Gelegenheit nutzen. Und der Papa war überrascht, als er sah, wie schön und nett die Zimmer für die Kleinen eingerichtet sind. Besonders überraschte mich, mit wieviel Fleiß und Liebe mit den Kindern gespielt und gelernt wurde. Für alle Kinder wird sich hier Zeit genommen, so daß keines zu kurz kommt. Auch auf meine vielleicht unpädagogischen Fragen als Papa wurde eingegangen, so daß ich in jeder Hinsicht informiert wurde.«

»Als ich A. am 3.1.77 zum ersten Mal in die Krippe brachte, war ich doch etwas in Sorge, wie sie den Schritt in einen neuen Lebensabschnitt bewältigen würde (...)

Angenehm überrascht war ich davon, wie es Frau X. gelingt, jedes Kind individuell zu beschäftigen, ohne die ganze Gruppe zu vernachlässigen. So werden die Kleinen zum kollektiven Zusammenleben erzogen und können jene Charakterzüge entwickeln, die sie einmal brauchen werden: Sinn für kollektives Leben, Selbständigkeit, Disziplin, gute hygienische Angewohnheiten sowie Verständnis für andere Kinder und Anpassungsvermögen.«

Eintragungen von Eltern nach ihrer Hospitation in der Kinderkrippe Eisenhüttenstadt 1974

Sicherheitstisch, Kinderkrippe

DDR-Sandmännchen
(Handpuppe)

Ausstellungsinstallation
zum Thema Schaufenster

Fundstück

Unser Leben hat die DDR geprägt
Interview mit Frau K.

Ich bin im Randgebiet von Berlin geboren und 1945 zu meinen Großeltern in den Harz gegangen. Mein Vater stammt aus einer sozialdemokratischen Familie. Solange wie ich zurückblicken kann, waren es alle Sozialdemokraten. Er ist aus dem Krieg als Kommunist wiedergekommen. In diesem Sinne bin auch ich erzogen worden. Unser Leben hat die DDR geprägt. Die Ferienlager, mein erstes Pionierhalstuch aus einem selbst eingefärbten Stück Stoff – die DDR, das war unsere Kindheit und unsere Jugend. Mein erster Pionierausweis wurde hinten abgestempelt, und ich durfte mir ein Paar weiße Kniestrümpfe kaufen. Ungefähr zu dieser Zeit habe ich Wilhelm Pieck das erste Mal gesehen. Er ging durch die Leute durch und gab ihnen die Hand. Er war wie ein Vater zu jedem. Und ein Jahr später, im Mansfeld-Kombinat, das seinen Namen trug, habe ich ihm mein Halstuch umbinden dürfen. Wie ich zu dieser Auszeichnung gekommen bin, weiß ich bis heute nicht.

Die III. Weltfestspiele in Berlin kann ich nicht vergessen. Berlin war ein Trümmerfeld, und Menschen über Menschen, junge Leute aus vielen Ländern, bewegten sich dazwischen. Egal, wo man war, man sang, man tanzte, man spielte, man sprach miteinander mit Händen und Füßen. Die feiernden Menschenmassen vor der Trümmerkulisse – das war ein Zeichen für Freundschaft und Frieden. 1951, da war man in einer Entwicklung, man begann sich als DDR-Mensch zu fühlen und verband sich mit dem Gedanken der Solidarität. Mich haben die III. geprägt, meine Kinder die X., in ihrer ganzen Art. Und der Gedanke der Solidarität, der gehörte einfach dazu, wurde zu einem Stück unseres Lebens in der DDR. Die Solidarität war auch untereinander da. Wenn ich heute sehe und lese, daß man über vieles hinwegguckt und vorbeigeht an einem Menschen, der da auf der Straße sitzt, das gab es nicht in der DDR. Irgendwie war der Zusammenhalt anders. Bei den X. Weltfestspielen war vieles schon zu selbstverständlich. Das war schon automatisch, daß man für die Solidarität war, auch in finanzieller Hinsicht.

Viele Erinnerungen verbinden sich auch mit der Pionierrepublik, mit den guten Programmen auf der Freilichtbühne, den Sporteinrichtungen und dem großen Zeltlager. Es waren Massen von Kindern dort, die in das Stadion gingen oder in die Freilichtbühne und alle mit den weißen Hemden und den blauen Halstüchern. Das war beeindruckend. Wenn ich heute die Freilichtbühne sehe, verkommen, halb zugewachsen, da blutet mir das Herz.

Wir haben einen Beruf gelernt, haben studiert, und das Studium war hart für uns. Oftmals haben wir in Decken oder in Mäntel gehüllt gesessen und unsere Hausaufgaben erledigen oder Bücher lesen müssen. Das hat einen geprägt. Dadurch wurde man härter und stand den Dingen härter gegenüber. Ich bin Lehrerin geworden, und als es hieß, wir bekommen alle 14 Tage einen arbeitsfreien Sonnabend, war das ein Ereignis. Wir haben gerne jeden Tag länger gearbeitet, denn es gab einen freien Tag zusätzlich für die Frauen, den Haushalts- oder Waschtag. Später war dann jeder Sonnabend frei. Dafür wurden ein paar Feiertage gestrichen, aber das war uns Frauen egal. Als meine Kinder geboren wurden, hatte ich sechs Wochen vor der Entbindung frei und beim ersten Kind sechs Wochen danach. Meine Tochter hatte schon acht Wochen frei und bei der Jüngsten waren es dann schon zehn Wochen. Man hat sich darüber gefreut. Das vergißt man nicht. Auch nicht den Wegfall der Lebensmittelkarten. Was gab es vorher für Unsicherheiten und Diskussionen darüber, wie das mit dem Geld wird und den HO-Preisen, denn das waren Preise des freien Marktes, also es war teurer. Aber der Staat hat ein Preisniveau gefunden. Das war ein Ereignis. Das war eine Freude für uns.

Mein Vater war ja Genosse. Mein Mann war Genosse. Meine Kinder waren es auch. Es gab natürlich Diskussionen. Sie mußten selber entscheiden, ob sie es werden wollten oder nicht. Ihre Meinung war damals: Na ja, dann sind wir auch soviel unterwegs wie ihr. Aber siehe da. Sie überraschten uns alle drei und haben ihren Antrag ausgefüllt. Das war ihre eigene Entscheidung. Ich bin es geblieben bis 1990. Dann war Feierabend für mich. Am Anfang war es Angst, Angst davor, was die eigentlich wollten. Sie verwechselten die Begriffe miteinander, die Worte Freiheit und Reisefreiheit. Wir sind ja nicht blind durch die Welt gelaufen. Wir haben ja auch die Nachrichten, die Tagesschau usw. verfolgt. Wir hätten die Leute fahren lassen sollen. Die wären einmal gefahren, wären zweimal gefahren. Wer nicht wiedergekommen wäre, wäre eben weggeblieben. Das habe ich 1988 schon laut gesagt. Aber die Enttäuschung war auch da, als ich erfahren habe, daß mein Mann, der im Besucherbüro für West-Berliner arbeitete, ab 24.12.1989 ohne Arbeit ist. Das war unser Weihnachtsgeschenk. Er war quasi der erste Arbeitslose.

Man hatte uns viel versprochen, man hat es nur nicht gehalten. Daß es so nicht ging, das wußten wir alleine. Wir wußten, daß mit diesen Subventionen kein Staat auf die Dauer existieren kann. Das fing bei der Kinderkrippe an und endete beim Rentner. Da waren die Theaterkarten für Rentner, die Wäschescheine für das Waschen und für die Reinigung. Ich gönnte es jedem Rentner, aber... Die Subventionierung der Kinderbekleidung, der Schulspeisungen, der Schulhefte, der Mieten, des Brotes und so weiter, das konnte sich kein Staat auf die Dauer leisten. Man hätte offen diskutieren müssen, offen sagen müssen, so geht es nicht weiter. Wir hatten ja auch kluge Köpfe in der Regierung, in der Plankommission, die das wußten. Man hätte darauf hören und die Hinweise aus der Bevölkerung ernster nehmen müssen. Ich weiß, es wurden immer viele Hinweise gegeben in den Versammlungen, in den Betrieben. Man hätte das ernster nehmen müssen, hat es aber nicht getan. Das war das große Problem.

Es gab viele Dinge, die nicht in Ordnung waren, die ich gesehen und gewußt habe. Ich war Parteisekretär in einer kleinen Jugendgruppe und habe Berichte geschrieben, Hinweise. Wenn ich die abgegeben habe, wurde in meiner Gegenwart die Kartei rausgezogen, der Bericht abgeheftet und wieder in den Aktenschrank geschoben. Ich habe dann keine Berichte mehr geschrieben, obwohl sie es verlangt haben. Ich habe nur gesagt: »Wenn Ihr so mit uns umgeht, schreibe ich keine mehr.« Beim dritten Mal hat man keine mehr verlangt. Mir war klar, ob du nun schreibst und die Zeit opferst oder nicht, ist egal, es geht ja nicht weiter nach oben. So war es mit allen Dingen. Ich weiß aber auch von einem VVN-Genossen, der mit Honecker in Brandenburg gesessen hatte, daß Honecker sich vierteljährig mit diesem Kreis privat traf und sich erzählen ließ, was wirklich los war in der Bevölkerung. Informiert wurden sie. Es ist ja keine Reaktion gekommen. Und viele der VVN-Genossen waren auch enttäuscht. Die DDR war für sie das, wofür sie viele Jahre gekämpft und gesessen hatten. Das war ihr Idol, das Ergebnis ihres Kampfes. Sie und wir haben viel, viel Kraft in dieses Land gesteckt, indem wir Funktionen angenommen haben, für die wir uns das Wissen erst mal aneignen mußten. Sie haben sich aufgeopfert. Aber sie wurden später auch enttäuschter, weil sie mit dem Weitblick eines älteren Menschen gesehen haben, daß es so nicht weiter geht, daß wir dafür nicht gesessen haben können. Ich habe sehr viel mit VVN-Leuten zu tun gehabt durch die Schule. Sie waren oft bei den Kindern und haben erzählt. Was ich jetzt eben sagte, das haben sie den Kindern natürlich nicht gesagt. Das haben sie nur unter uns erzählt.

In Ordnung war auch nicht, daß meine Mutter ihre Cousine nicht mehr sehen durfte, zu der sie ein sehr enges Verhältnis hatte. Sie waren wie Geschwister. Die Cousine war eine Jüdin, die meine Mutter während des Zweiten Weltkrieges versteckt gehalten hatte. Die durfte sie dann nicht mehr besuchen, wegen der Tätigkeit meines Mannes. Das sind die privaten Dinge, an denen man hart geschluckt hat. Oder meine Kinder haben nicht wissen dürfen, was eigentlich ihr Vater macht. Warum, begreife ich nicht. Wir haben es ihnen dann erzählt unter dem Mantel der Verschwiegenheit, als sie aus der 10. Klasse entlassen wurden. Ich hatte einen »Schatten«. Warum ich den hatte, das weiß ich nicht. Mit dem einen konnte ich dann so gut, daß wir uns ständig gegrüßt haben, und ich lud ihn zum Kaffee ein, weil er im Regen vor der Tür stand.

Oder wenn wir in den Urlaub fahren wollten, was hat mein Mann vorher für Anträge stellen und sich immer verpflichten müssen, daß es keine Kontakte zu Bürgern aus dem westlichen Ausland geben würde. Wir sind natürlich mit einem freundlichen »Guten Morgen« in den Waschraum auf dem Zeltplatz in Ungarn gegangen und sie haben auch gegrüßt. Das war es dann auch gewesen. Wenn uns jemand angesprochen hat, waren wir reserviert. Und trotzdem ist es uns einmal passiert. Da hat sich eines Abends ein Mann aus der BRD mit seinem Wohnmobil neben uns gestellt. Es hat die ganze Nacht gegossen und als er losfahren wollte, steckte er im Schlamm. Wie Camper sind, hilft man einander. Er hat sich bedankt und sagte: »Geben Sie mir Ihre Adresse.« Wir haben sie ihm nicht geben dürfen. Nach einigen Wochen ruft jemand an: »Wissen Sie, ich bin der mit dem Wohnmobil, der neben Ihnen gestanden hat. Ich habe mir Ihre Adresse von der Campingverwaltung geben lassen.« Wir sagten, daß er falsch verbunden sei und legten auf. Er rief noch mal an und wir meinten: »Wen wollen Sie? Die K.s? Die sind verzogen, hier wohnen jetzt Müllers. Die K.s sind nach Thüringen.« Himmel, da war doch was verkehrt, wenn man zu den eigenen Leuten, die in dieser Politik drinstanden, nicht mal so viel Vertrauen hatte. Immerhin wurde das Telefon nicht überwacht, sonst hätte mein Mann bestimmt eins auf den Deckel gekriegt.

Mein Mann ist von Beruf Bergbauingenieur. Er ist nach Berlin an die Bauakademie gekommen und war beim Ministerium für Bauwesen. Dann hatte er sich noch mal um ein Studium bemüht an der Humboldt-Universität und wurde auch immatrikuliert. Aber ihm wurde gesagt: »Das Studium brauchst Du nicht. Du machst dafür eine andere Schulung mit, Psychologie, Menschenführung...« Und er sagte: »Wenn Ihr denkt, dann mache ich das.« Das hat er dann gemacht. Eines Tages kam er nach Hause und meinte, daß er woandershin müsse. Er hätte eine Nummer bekommen, wo er sich einfinden müsse zu einer bestimmten Zeit. Und als er abends nach Hause kam, druckste er rum. Ich ging dann mit ihm spazieren. Er erzählte: »Du weißt natürlich von nichts. Über Ostern soll da ein Passierscheinabkommen getroffen werden für kurze Zeit. Ich soll da mitmachen in den Büros.« »Wenn Du denkst, dann mach'. Meine Unterstützung hast Du.« Er war berufen worden, hatte eine neue Aufgabe bekommen und das war auch was, was so anerzogen war, und es lockte das Neue. Man sagt ja, der Mensch wächst mit seinen Aufgaben. Das Pfingstabkommen kam, und aus der kurzen Zeit wurden 18 Jahre, und man hat sich damit abgefunden, mit den Wochenenddiensten, damit, daß er bis spät abends unterwegs war und daß man niemandem etwas erzählen durfte.

Ich habe angefangen als Unterstufenlehrer und 1 1/2 Jahre gearbeitet. Dann war ich als Hortleiter tätig, weil es da kriselte. Es waren nur drei ältere Damen tätig, da mußte was Junges rein. Zwischendurch bekam ich meine Kinder. 1970

Einkaufsbeutel

ist unsere Familie dann nach Berlin gezogen. Das heißt, ich bin nachgezogen, mein Mann war ja schon drei Jahre in Berlin. Hier habe ich von 1972 bis 1982 als Pionierleiter gearbeitet, eine Tätigkeit, die ich wegen eines Parteiauftrages übernahm. Das war eine herrliche Zeit. Beim Studium in den 50er Jahren wurden wir zum einen zu Lehrern ausgebildet und zum anderen zu Heim- und Horterziehern und Pionierleitern. Daher konnten wir auf dem außerschulischen Gebiet viel machen, wie basteln, spielen, singen usw. Dazu gehörte eine musikalische Ausbildung. Wir mußten alle ein Instrument erlernen. Ich hatte Akkordeon angefangen. Das habe ich nicht durchstehen können, weil der Kasten zu schwer war, und Blockflöte war auch nichts für mich, denn da jaulte zu Hause der Hund mit, wenn ich übte. Also habe ich Fanfare blasen gelernt und habe mir dann später auch den Wunsch erfüllt, einen Fanfarenzug zu leiten, mit 100 bis 105 aktiven Mitgliedern. Mit den Kindern bin ich immer zu den Schulärzten gegangen. Jede Woche einmal war der Schularzt in der Schule. Bei den Trommlern wurde zum Beispiel auf die Haltung, auf Rückenschäden geachtet. Bei den Bläsern wurden die Lunge und das Herz untersucht. Und das Gehör wurde überprüft. Auf die Kinder habe ich geachtet. Auf mich nicht. Ist man in einem Orchester drin, dann empfindet man das Laute nicht mehr laut. Steht man aber daneben und soll hören – wir hatten ja keine schallisolierten Räume, sondern wir haben die Proben in der Turnhalle gemacht, wo es aus allen Ecken zurückkam und krachte –, dann war das mächtig laut. Deshalb waren meine Ohren bald hin, und ich mußte auf ärztliches Anraten aus der Volksbildung ausscheiden. Es war grausam für mich, den Beruf und die Kinder aufgeben zu mussen.

Am schönsten war die Zeit als Pionierleiterin – mit Kindern spielen, Geländespiele, singen, auf ihre Ideen eingehen, das war wunderbar. Wenn man heute sagt, daß da viel Politik dabei war, ist das Unsinn. Was soll da politisch gewesen sein? Daß wir Altstoffe gesammelt haben und das Geld für die Solidarität gespendet haben? Mit den Pionieren haben wir viel in Arbeitsgemeinschaften gearbeitet, z.B. in der AG Geschichte, wo wir Ausstellungen organisierten. Die Kinder kamen mit immer neuen Fragen, die immer tiefer in die Geschichte hinein gingen. Sie blieben nicht bei der Gründung der DDR oder bei 1945 stehen, sondern wollten mehr wissen. Das hat Spaß gemacht und bereicherte den Unterricht.

Aus dem Schuldienst entlassen, wechselte ich in die Kultur. Nach Feierabend arbeitete ich wieder mit Kindern und Jugendlichen in der AG »Junge Historiker«. Die Gruppe war an das Pionierhaus in der Wuhlheide angegliedert, weil sie ja finanziell getragen werden mußte. Da hat der Staat auch wieder subventioniert. Dreimal in der Woche haben wir uns getroffen und uns spezielle Wohngebiete vorgenommen, die wir in ihrer Geschichte zurückverfolgt haben bis zu ihrer Entstehung. Da man merkte, daß wir das gründlich machen, haben wir die Genehmigung erhalten, im Stadtarchiv in Berlin und im Staatsarchiv in Potsdam zu arbeiten, und das sollte zu DDR-Zeiten etwas heißen. Wir haben dort während der Ferien in uralten Unterlagen gekramt und daraus Wohngebietschroniken zusammengestellt, die damals sehr gut angekommen sind. Wo sie jetzt abgeblieben sind, weiß ich nicht, interessiert mich auch nicht. Nebenbei haben wir Persönlichkeitsbilder von VVN-Kämpfern gemacht. Die Kinder waren neugierig auf das Leben alter Menschen, da sie in diesen Menschen Vorbilder fanden. Das war selbstverständlich. Wir nahmen am Jugendfest zu »35 Jahre DDR« teil und haben eine Medaille von der Pionierorganisation bekommen für hervorragende Erziehung. Ich weiß nicht mehr so genau, wie das hieß. Wir durften jedenfalls für eine Woche nach Karlovy Vary, Karlsbad, fahren. Es war eine Seltenheit, daß eine AG so etwas bekam.

Jedes Jahr bin ich mit den Kindern und Jugendlichen, die auch während ihrer Lehre noch dabeigelieben sind, in den Winter- und Sommerferien 14 Tage weggefahren. Von Väterchen Staat bekam jeder Teilnehmer 5 Mark pro Tag. Es hört sich heute nach wenig an, damals war es viel. Die Fahrtkosten für Kindergruppen waren sehr niedrig, die Übernachtung kostete 25 Pfennig, und die Küchenbenutzung war meistens frei oder für einen Groschen. Ich hatte meine Stammquartiere, immer weit weg von Berlin. Wir sind ins Zittauer- und Erzgebirge, in den Harz oder nach Thüringen gefahren. Am Tag gingen wir baden, der Abend und die regnerischen Tage wurden voll für die Arbeit genutzt. Die Kinder und die Jugendlichen haben ganz konzentriert gearbeitet, weil sie wußten, daß wir die Zeit, die wir für die Freizeit genutzt haben, wieder nachholen mußten. Da waren sie eisern.

Wir haben auch Betriebsbesichtigungen gemacht. Von Meistern, Ingenieuren und Betriebsleitungsmitgliedern wurde den Kindern alles gezeigt und erklärt. Dann kamen die Fragen der Kinder: »Warum steht diese Maschine still? Wo das doch eine teure Maschine aus der Schweiz ist« usw. Ein Junge aus der 9. Klasse sagte einmal zu mir: »Wissen Sie Frau K., diese Sachen hier geben mir mehr als eine oder fünf Stunden Staatsbürgerkundeunterricht. Jetzt weiß ich wenigstens, wie das funktioniert.« Bei dem Gedanken, der Lehrer kann viel erzählen, die Praxis sieht anders aus, schluckte ich einerseits und freute mich andererseits. Diese Arbeitsgruppe habe ich bis 1990 geführt. 1990 sagte man mir, daß Schluß sei, dafür gibt es kein Geld mehr.

Das Gespräch mit Frau K. führten Mario Stumpfe und Andreas Ludwig

Ausstellungsobjekt Parka

Von Gammlern und Revolutionären

5.März Tine und ich haben mal wieder über uns nachgedacht. Dabei haben wir festgestellt, daß wir Bindeglieder zwischen Gammlern und Revolutionären sind. Das Gammlerleben allein wäre für uns nichts:
Gammler sind meistens egoistisch, das ist noch viel wichtiger, Gammlerleben ist so sinnlos.
Wir wollen auch nicht mehr so oft in solche komischen Klubs gehen. Irgendwie ist es dort fies. An Senni, aber noch viel mehr an Netti sieht man, wie sinnlos sie das Leben finden. Z.B., daß sie sich andauernd besaufen müssen. Zu Gammlern gibt es viel zu sagen, das aber an anderer Stelle.
6. März Revolutionäre oder Junge Sozialisten, wie sie sich zum Beispiel unsere Klassenlehrerin Frau K. vorstellt, möchten wir auch nicht werden:
Sie sind meistens sehr ernst
wir wollen auf schöne Freizeit nicht verzichten
sie sind meistens nur Theoretiker und haben keine Beziehung zu den Massen. Es gibt auch sehr fiese Typen, z.B. unseren GOL-Vorsitzenden D.
7.März Mit unserem jetzigen Standpunkt möchten wir auch nicht in die SED eintreten. Wir sind mit manchen Dingen gar nicht einverstanden: Aber das ist nicht das wichtigste; die Genossen haben es an sich, sich immer gegenseitig für ihre Sachen zu loben, für Kritiken wird manchem ganz schön die Hölle heiß gemacht; z.B. der Vater von K. – er ist Graphiker und ein lustiger, aufgeschlossener Mensch und ist im Elternaktiv – wurde aus der SED gefeuert;
SED-Ansprachen und -Schriften enthalten zu viele Phrasen, Fremdwörter und zu wenig Kritik (man muß doch an das Gute denken).
8. März Internationaler Frauentag: Zu meiner jetzigen Einstellung zur DSF:
Wenn die DSF nach Frau W. nur der Finanzierung von Festivitäten dient, trete ich nicht ein. Nur drei Mann aus unserer Klasse sind noch nicht in der DSF. Die anderen tun aber nichts und zahlen bloß Beitrag. Und manche wissen nicht mehr, warum sie dort überhaupt eingetreten sind, so z.B. Tine.
9. März Bei unserer FDJ-Leitungssitzung kann man manches erleben, z.B., daß die Sitzung aufgelöst wird, wenn die Jungs Fußball spielen müssen!
In meinem Aufsatz über das »Menschenschicksal« (Michail Scholochow, M.S.) habe ich eine 4. Scheinbar habe ich dieses Werk noch nicht so richtig begriffen, wie ich es angenommen hatte. Außerdem muß ich sagen, als ich mir den Aufsatz noch einmal durchgelesen habe, habe ich gemerkt, wie oberflächlich er ist. Ich weiß selbst nicht, warum ich meine Gedanken dazu nicht so richtig mit hinein

Detail aus der Ausstellung

gebracht habe. Ich glaube, ich kann meine Gedanken ziemlich schlecht formulieren. Das habe ich z.B. heute schon wieder in der Deutsch-Stunde gemerkt. Wir haben uns ein Gedicht durchgelesen und sollten danach einen Aufsatz dazu beginnen. Bei mir ging das nicht. Ich werde mehr lesen.
Bücherliste 1972:
Sommerinsel
Das Geheimnis des Tranpluto
Die gefangene Sonne
Die Blumen von Hiroshima
Die Saat von Hiroshima
Ottokar das Früchtchen
Der brave Schüler Ottokar
Man wettet nicht um junge Mädchen
Wie man einen Haushalt aushält
Grafunda
Die Göttliche Komödie
Das Rätsel des Silbermondes
Der Weg ins Leben
Schülerliebe
Abschied
Atomstation
Die schwarze Rose aus Alabasta.

Aus dem Tagebuch einer 15-jährigen, 1970

Fluchten – Wege, die DDR zu verlassen
Interview mit Rainer Schiller

Meine Eltern sind Flüchtlinge, mein Vater hat kurz hinter der Oder gewohnt, meine Mutter in der Gegend von Lodz. Die haben sich in Wendelstein bei Querfurt kennengelernt. Dort ich bin auch geboren. Mein Vater ist dann '51 oder '52, als das Werk aufgebaut wurde, mit einer Werkzeugkiste dorthin gefahren, um Arbeit zu suchen, und hat dann den Kraftverkehrsbetrieb aufgebaut. Wir sind dann 1956 zunächst in die Altstadt gezogen, dann in die Industriestadt. Mein Vater hat die ganze Verwandtschaft nachgeholt, zunächst mit Wohnung versorgt, dann mit Arbeit, und die wohnten dann zeitweise bei uns. Das wurde zu eng, und da hatten meine Eltern die Idee, ein Haus zu bauen. Sie kriegten ein Grundstück in einem nahegelegenen Dorf. Dort sind wir dann hingezogen. Ich bin dort zur Schule gegangen, acht Klassen, dann zur EOS und habe dort Abitur gemacht, bin dann zur Armee gegangen, dann drei Semester in Freiberg studiert, habe das geschmissen, bin nach Leipzig gegangen und habe dort Herbst 1975 bis Dezember 1977 Theologie studiert, bin dann verhaftet worden, verknackt worden. Habe in Cottbus gesessen und bin dann 1979 im August in den Westen entlassen, freigekauft worden. Habe in Westberlin weiter Theologie studiert und den Magister gemacht. Also, das sage ich jetzt immer, ich promoviere. Im Grunde habe ich noch nichts gemacht. Ich hab einfach keine Zeit, kurz gesagt. Das wäre erst mal der Abriß.

So weit ich mich erinnern kann, habe ich mich in der Industriestadt wohl gefühlt. Ich hatte Freunde, wie das so ist. Ich war im Vorschulalter. Und dann hieß es, wir ziehen da raus. Der erste Eindruck war, die Leute gucken dort über den Zaun. Das Dorf war ein homogenes Gebilde, es waren Alteingesessene, die im Krieg nichts verloren haben. Sie hatten ihre Häuser, und wir waren Fremde, Zugezogene, Flüchtlinge. Dieser Bruch, der sich zunächst einmal in der Erwachsenenwelt abspielte, den habe ich irgendwie mitgekriegt. Ich habe spät zu den Dorfkindern Kontakt gekriegt, und da auch zunächst mal nur zu den Außenseitern. Ich hab mich dort in diesem Dorf nicht unbedingt wohlgefühlt. Dazu kam natürlich, daß wir vergleichsweise wenig Geld hatten, um nicht zu sagen, stellenweise überhaupt kein Geld. Das heißt, in einem Alter, wo es wichtig wird zu repräsentieren, sei es mit Nato-Plane, also solche Kleidung, Jacken, das war in der Zeit in, oder dann später Moped, Tonbandgerät, das konnten die Einheimischen ja machen, weil die relativ viel Geld hatten. Das war insofern wichtig, weil ich faktisch gezwungen war, andere Orientierungen zu suchen.

Meine Eltern haben mich mal irgendwann in die Christenlehre geschickt, nach der Parole, das kann nicht schaden für die Erziehung. Da habe ich mich zunächst erst mal gelangweilt, aber dann kam eine neue Pastorin in die Industriestadt, und die hat das relativ interessant gemacht. Der andere Faktor war, unsere Familie war durch und durch politisiert. Es wurden Nachrichten gehört, es wurde über Politik diskutiert, mein Opa, der hörte am Tag also zehn Mal Nachrichten und erzählte das auch. Und er hörte natürlich nur Westsender und es war klar, das habe ich schnell kapiert, daß es zwei Welten gibt. Es gibt diese offizielle DDR-Welt mit diesem Sozialismus, und es gibt eine ganze Menge, was mit diesem Sozialismus nicht stimmt, und die Ergänzung, die kriegte man im Grunde genommen aus dem Westen, rein an Informationen. Das änderte aber nichts daran, daß wir trotzdem für die DDR waren, also keine Antikommunisten. Man lebte im Grunde genommen in einer Endzeitstimmung: Irgendwann bricht der Kommunismus an, das habe ich also alles so von der Pieke auf mitgekriegt, innerlich geglaubt.

Und dann gab es die ersten politischen Ereignisse, die ich mitgekriegt habe. Ich habe den Mauerbau mitgekriegt, relativ dunkel die Kuba-Krise, dann war der Israel-Krieg, den ich bewußt mitbekommen habe. Dann kam natürlich Prag, also 1968 die CSSR, da war ich schon an der EOS. Rockmusik, Trampen, also diese ganzen Brüche, die im Grunde genommen normal sind, die es auch im Westen gab, das war im Osten einfach noch mal ein bißchen verschärfter, lange Haare und all das. Und mir hat damals schon eine Deutschlehrerin bescheinigt, ich wäre ein Außenseiter, der sich schwer in das Kollektiv integriert hat. Die hat das sehr gutmütig gemeint, mit so einer Art Achtung, obwohl sie stellvertretende Direktorin war.

Ich hab dann irgendwann auch kein Hehl daraus gemacht, daß ich in der Jungen Gemeinde bin. Du konntest in irgendwelchen FDJ-Diskussionen keine Glaubensfragen diskutieren. Du konntest auch im Staatsbürgerkundeunterricht keine Glaubensfragen diskutieren. Aber das war nicht so rigide, daß das verboten wurde, und solange Du damit keine Reklame gemacht hast, war denen das irgendwie auch egal. Die durften nicht zum Handeln gezwungen werden. Also meinetwegen in der FDJ-Versammlung: einstimmig, alles bestens. Jeder wollte eigentlich, daß das irgendwie über die Bühne geht, und alles andere war egal. Aber in dem Moment, wo Du dagegen gestimmt hast aus irgendeinem Grund, wie berechtigt das immer auch sein mag, das durfte nicht sein. Gleichzeitig hatte ich in Staatsbürgerkunde eine eins, das war im Grunde genommen völlig schizophren. Opposition in Industriestadt hieß Rockmusik, lange Haare, politisch war das nicht artikuliert.

Ich habe diese Zeit gehaßt, ich habe einfach die Nase voll gehabt von der Schule. Ich war froh, als ich das hinter mir hatte und wußte, ich komme dann zur Armee. Und von der Armee zurück war ich fürs Leben eigentlich erst mal unbrauchbar. Jetzt mußte ich, weil ich Mitglied eines Betriebes war, sofort wieder weiterarbeiten. Ich hatte sechs Tage Urlaub, und in den sechs Tagen Urlaub bin ich dann nach Polen gefahren. Es hat mich so angestunken, daß ich da gleich wieder arbeiten mußte. Du lebst ja in diesen anderthalb Jahren: Wenn Du rauskommst, dann holen wir alles nach. Statt dessen Schichtarbeit.

Ich habe vor der Armee im Werk gearbeitet, bin dort Kombinatsmitglied geworden. Wurde von da aus zum Studium delegiert. Hatte also meinen Studienplatz sicher, hatte meinen Arbeitsplatz sicher. Ich wußte, ich bin Mitglied des Kombinats; also Du warst von der ganzen Struktur, dieser Lebensweise, daß Du betreut wirst bis zum Gehtnichtmehr, da drin hängst, Deine Lebensplanung abstimmst und Du eigentlich da lebenslänglich nicht rauskommst.

Viel lieber wäre ich Schmetterlingsfänger geworden, denn ich habe in der ganzen Zeit Schmetterlinge gesammelt. Ich habe nicht daran gedacht, daß es Existenzmöglichkeiten gäbe, die einen Freiraum ermöglichen, sondern es war ganz klar, es gibt einen Beruf, den man irgendwie durchzustehen hat, und es gibt dann die Freizeit, in der man macht, wozu man Lust hat. Also wenn man es hinkriegt, das einigermaßen in Übereinstimmung zu bringen, das ist gut, in der Regel wird's furchtbar.

Ich kam raus, das Studium ging los, nach Freiberg. Ich hab natürlich alles mögliche gemacht, nur nicht studiert. Es hat mich nicht interessiert. Ich hab gesagt, das hat keinen Sinn. Aufzuhören, aus diesem Betrieb auszusteigen, hieß natürlich, aus der Gesellschaft auszusteigen. Und Theologie zu studieren, das war absoluter Wahnsinn. Das habe ich damals natürlich in dem Sinne nicht wahrgenommen. Ich habe dann als Krankenpfleger gearbeitet und habe mich in Leipzig für Theologie beworben, und das hat mir wahnsinnigen Spaß gemacht.

Ich war kein religiös Überzeugter, sondern in den 70er Jahren gab es diese »Gott ist tot«-Theologie, und das konnte man in der DDR mit Bloch kombinieren. Ich hab mir da irgendwas zurechtgelegt, so eine Mischung von atheistischer Theologie und Existenzialismus. Daß man damit möglicherweise nicht Pfarrer werden konnte, das hatte mich nicht interessiert. Und über dieser ganzen Geschichte schwebte natürlich immer der Eindruck, es geht den Bach runter mit der DDR. Der Kapitalismus, das war keine Alternative, aber wie kriegt man jetzt den Sozialismus besser, beziehungsweise, wie handelt man überhaupt erst mal politisch. Diese neutestamentliche Stimmung, die Du in dem Studium vermittelt bekamst, also diese Endzeitstimmung und der Anbruch des Kommunismus, das konnte ich natürlich gedanklich vermitteln mit der Endzeitstimmung der Erwartung des Reich Gottes. Es kommt eins dazu: Du mußt verantwortlich sein, Du mußt handeln, das heißt, das Ganze wird aufgeladen. Du kannst nicht eben so mal dahinleben, sondern Du weißt genau, Du bist verantwortlich für Dein Leben.

Und dann kam die nächste Geschichte dazu, die »drei rostigen B's«, wie mein Vernehmer das nannte: Bahro, Brüsewitz und Biermann. Brüsewitz, das war praktisch der innertheologische Konflikt. Wir haben mitgekriegt, daß sich die Kirche im Grunde genommen in diesem Konflikt verdrückt. Dieser Gedanke »Kirche im Sozialismus«, wie es jetzt immer vermittelt wird, also als Bekenntnis zum realen Sozialismus, dafür hatte ich natürlich eine ganz andere Lesart, nämlich die Idee, den Sozialismus, diese Differenzen oder das Negative, theologisch auszugleichen. Wir haben ganz klar gesagt, wir wollen nicht in dieser Situation stecken wie der Brüsewitz, keine Alternative zu sehen, als uns verdrehen zu müssen beziehungsweise daran kaputt zu gehen.

Die nächste Sache war Biermann, der wurde ausgewiesen, Pannach, Kunert und Fuchs protestierten, die wurden verknackt. Es sickerten ja keine Informationen durch, Du wußtest gar nichts. Und wir haben also angefangen, wir hatten relativ gute Beziehungen nach Jena. Also mein Haftbefehl lautete zunächst einmal auf staatsfeindliche Verbindungsaufnahme und zwar vor dem Hintergrund, ich hätte dafür gesorgt, daß die Namen von Pannach und so weiter, daß die irgendwie im Westen gelandet sind.

Die Idee war mehr oder weniger, man müßte theoretisch arbeiten, man müsse ein theologisches Konzept haben, man müsse untereinander Verbindung haben. In Polen gab es dieses Komitee zur Verteidigung der Rechte der Arbeiter, deren Schriften kriegten wir und haben sie übersetzen lassen, wurden verteilt. Also ich habe in dieser Zeit nicht mehr studiert, bin nur noch über die Lande gezogen, habe versucht, da entweder Geld zu sammeln oder irgendwas verteilt, und das war natürlich ein totaler Witz, weil da an jeder Ecke ein Spitzel saß. Die Stasi hatte augenscheinlich den Eindruck, der Schiller ist da einer der wichtigsten Leute.

Ich war Mitglied in verschiedenen Gruppen, die ganz unterschiedlich waren vom Grad der Konspirativität, wie auch von den Leuten, die da drin waren. Es gab einen halboffenen Kreis. Wir trafen uns immer montags in einer Wohnung. Das war so Musik, Schmalzstullen essen, Wein trinken, nebenbei wurden immer irgendwelche Informationen ausgetauscht, die auch dann nicht jeder mitkriegte. Da konnte faktisch jeder hinkommen. Das war eine Wohnung, die zwei Theologiestudenten bewohnten, und das war ne völlig legale Sache. Über diese Leute dort lief zum Beispiel die Verbindung nach Jena und auch nach Dresden dann weiter. Das war nicht unbedingt allen bekannt, aber das waren zwei Leute, die für mich die Ansprechpartner waren, die auch Informationen brachten, wer verhaftet wurde, für wen man Geld sammelt und so weiter.

Dann gab es diesen philosophischen Arbeitskreis, das war also auch eine völlig legale Geschichte. Aus Naumburg kam ein Dozent vom Seminar, hatte über Marx promoviert und hatte am Theologischen Seminar Leipzig eine Vorlesung angeboten über Marx, und ich hatte mich dann mit anderen dafür stark gemacht, daß er diese Stelle weiter behalten kann, also eine Unterschriftensammlung organisiert. Das hat auch einen ziemlichen Aufruhr gegeben. Und der brachte wiederum seine Leute mit, aus denen sich dann dieser Kreis konstituierte. Wir versuchten so was, wie einen anderen Marx zu entdecken als den, der offiziell vermittelt wurde. Für mich hatte es insofern Bedeutung, weil ich Dinge, die ich im Studium angefangen hatte, dort weiter diskutieren konnte.

Der dritte Kreis war eine Gruppe von Dozenten von der Handelshochschule, wo ich eigentlich nur einen kannte. Das waren Marxisten, die relativ kontinuierlich gearbeitet haben an den verschiedensten Themen, im Grunde würde ich sagen, Geschichte der Arbeiterbewegung, Aufarbeiten von Oppositionsbewegungen. Der Wahnwitz war dort natürlich auch, irgendein Netzwerk zu bilden und zu versuchen, die DDR zu verändern beziehungsweise sich erst mal Wissen anzueignen, das man offiziell nicht denken kann oder das man offiziell nicht vermittelt bekam. Die arbeiteten mehr oder weniger konspirativ, was nichts daran änderte, daß dort über Jahre ein Spitzel drin war, der diese ganze Gruppe lahmgelegt hat.

Dann hatte ich eine Reihe von losen Bekannten, die wiederum in irgendwelchen Gruppen waren, die ich nicht kannte. Also einer war in Berlin, der konnte polnisch, hat also die Samisdat-Blätter von dem Komitee zur Verteidigung der Arbeiterrechte übersetzt, ich hab die dort abgeholt und dann weiterverteilt beziehungsweise ihm Geld gegeben für dieses Komitee, das damals gebraucht wurde, um wiederum die Rechtsanwälte zu bezahlen.

Ich denke, das wichtigste in der DDR war, überhaupt so etwas wie einen inoffiziellen Informationsfluß zu organisieren, mitzukriegen, was läuft, um unabhängig zu sein von den Westmedien. Was ich in erster Linie gemacht habe, ich habe versucht, Leute zusammenzubringen. Also daß ich viel umhergetrampt bin, das lag mir auch. Ich war ideal, um Verbindungen zu knüpfen, um zu anderen Gruppen Kontakt zu halten, solche Vermittlungsknoten zu bilden, jemanden zu kennen, der jemanden kennt.

Ich habe schon gewußt, was ich da mache, ich wußte, daß ich da einfahre, aber das ist natürlich ne Konstellation, wo du zwangsläufig zum Amokläufer wirst. Diese existenzielle Ausrichtung durch die Theologie, diese ungeheure innere Verantwortung, und es wurde damals ja diskutiert über Faschismus, wie ist das passiert. Der Vorwurf an die ältere Generation war doch der, wieso haben die da mitgemacht. Und es war ganz klar, daß man da nicht mitmachen wollte, zumindest sich anders verhalten wollte. Damit saß man aber in der Bredouille. Die spätere Friedensbewegung hat es viel geschickter gemacht. Die hat sich legal verhalten. Für uns war klar, mit Ausrichtung an traditionellen Vorbildern, daß man das illegal und konspirativ machen muß.

Das war eine relativ kurze Zeit, vielleicht zwei Jahre, wo ich wirklich aktiv war in diesem Sinne. Ich weiß nicht, wann KOR war, '76 oder so, Biermann, dieses Renft-Verbot, das war ne ungeheuer intensive Zeit, wo wahnsinnig viel passierte. Und die Idee war ja immer, also man muß das nur richtig anschieben und richtig in Gang bringen, dann würde man Reformen, Veränderungen erzwingen können. Wie kann man den Sozialismus gestalten, daß er nicht diese Entfremdung hervorbringt. Man hat sich ja auch irgendwo gefreut, daß man so wichtig ist, daß man so ernst genommen wird. Das ist ja auch so eine Art Abenteuerspiel, verstehst Du? So ähnlich, stelle ich mir vor, haben das die Geschwister Scholl gemacht. Aber die haben sie einen Kopf kürzer gemacht. Uns ist doch allen nichts passiert. Das ist die Differenz.

Ich wurde gewarnt, das muß im Spätherbst gewesen sein. Die Verhaftung war dann im Dezember, Nikolaustag 1977. Früh kamen die Herren, es waren zwei, klingelten, ich machte auf, sie sagten, ich möchte mich anziehen. Ich weiß nicht, was sie genau gesagt haben, Befragung oder irgendso ein Ausdruck. Ich wußte natürlich, worum es geht. Ich hatte auch die Idee, einfach wegzurennen, weil die mich ja nicht mit Handschellen abgeführt haben, sondern links einer, rechts einer, und das Auto parkte ziemlich weit weg. Ich bin da aus irgendeinem Grund einfach mitgegangen. Diese Stimmung, das ist ja eine hoffnungslose Geschichte gewesen, in jeder Beziehung. Ich konnte in die offizielle staatliche Identität nicht zurück, in diesen Normalbürgerstatus, und in der Kirche habe ich mich auch nicht wohlgefühlt. Im Nachhinein erkläre ich mir das so, daß die DDR einfach zu klein war, um wegzurennen. Das ist natürlich für mich ein Alptraum, dieser Gedanke, dort einfach mitgetrottet zu sein. Wenn Du im Knast sitzt, das arbeitet, du überlegst dir also ständig, was wäre gewesen, wenn. Was hättest du machen können, du hättest Leute warnen können, das ist ja im Grund genommen das Furchtbare.

Ich bin da mitgegangen, und da ging die Tür zu. Ein Vernehmer trat auf, der legte einen dicken Ordner auf den Tisch und sagte, wir wissen sozusagen alles. Ich habe einfach, wahrscheinlich auch um überhaupt die Situation ertragen zu können, die Rollos runtergelassen. Ich habe erst mal gesagt, ich sage nichts. Am Abend kriegte ich den Haftbefehl und landete da in einer Zelle, es gab Eintopf. Ich weiß jetzt nicht mehr, wie lange das ging, daß ich diese Haltung des Verweigerns durchgehalten habe. Es kam dann mal ein Höherer, der sagte, Sie wissen wohl nicht, was hier los ist. Ihr Haftbefehl lautet, also sinngemäß, auf Geheimnisverrat, der Paragraph heißt anders, staatsfeindliche Verbindungsaufnahme. Mir wurde vorgeworfen, die Verhaftung von Pannach, Fuchs und anderen in den Westen vermittelt zu haben. Das war der Aufhänger, Gründe gab's genügend. Dann ging es darum, dieses breite Feld einfach aufzuarbeiten. Die hatten inzwischen eine Hausdurchsuchung gemacht, hatten mein Adressenbuch und noch irgendwelchen Trödel, bauten das dann vor mir auf den Tisch. Der blätterte denn da so und fragte, wer ist denn das und wer ist denn das. Ich denke, so vergingen die ersten Tage.

Ein Teil meiner Freunde ist vorgeladen worden, abends wieder nach Hause geschickt worden, aber aus diesem näheren Kreis wurde niemand verhaftet. Die wurden zu sogenannten Vernehmungen vorgeladen, massig, also fast alle. Aber verurteilt worden ist keiner. Es gab einfach irgendwann den Punkt, wo ich eingesehen hab, daß ich da allein auf der Barrikade stehe. Das hatte einen gewissen demoralisierenden Effekt. Einfach den Effekt, daß ich mir irgendwie überlegen mußte, in einer bestimmten Weise zu handeln. Wenn Du nichts aussagst, kriegst Du Vorhaltungen. Und diese Vorhaltungen lauten: Herr Soundso hat ausgesagt, von Ihnen das und das Buch erhalten zu haben, äußern Sie sich dazu. Ich kann das nicht mehr genau rekonstruieren, wie ich mich da gefühlt habe, ich habe mich auf diese Strategie eingelassen. Es wurden halt Vorhaltungen abgearbeitet. Auf diese Weise kam natürlich ein relativ dichtes Netz zusammen an Fakten, woraus klar war, daß all das, was da zusammenkam, ausreichen würde, um mich zu verurteilen. Die Verbreitung von nichtlizensierter Literatur, sprich: in verschärftem Falle von staatsfeindlicher Literatur, war also allemal ein Grund, um einen zu verknacken.

Das Verhältnis, das ich zu diesem Vernehmer entwickelt habe, war ein Verhältnis gegenseitiger Akzeptanz. Er sagte sinngemäß: Wehret den Anfängen, Wahlspruch der Inquisition, so verhalten wir uns, und Sie müssen ja einsehen usw. Aber Sie haben die Meinung, wir haben die Meinung, ich will Sie nicht überzeugen. Das war faktisch der Versuch mir klarzumachen, daß er nicht anders kann, als da seine Pflicht zu erfüllen, und wenn ich mich dem entziehe, das hätte Konsequenzen. Wenn man über Monate hinweg mehr oder weniger mit jemandem jeden Tag zu tun hat, dann entwickelt sich ne Art von Intimität, dadurch, daß dieser Mann faktisch alles weiß. Er sitzt wie eine Spinne im Netz und man kriegt den Eindruck, daß er mehr weiß, als alle anderen Personen, die man jemals gekannt hat. Man muß sich mit ihm einfach arrangieren, zumal es auch um eine Reihe von praktischen Dingen geht. Ich bin ja nicht als ein Gegner des Sozialismus aufgetreten, sondern als jemand, der den Sozialismus für verbesserungswürdig hält und sich nun leider Gottes dort der falschen Methoden bedient hat. Die Variante wäre gewesen: Herr Schiller, wenn Sie Probleme haben, warum sind sie denn dann nicht zu uns gekommen, das war sozusagen die offizielle DDR-Variante. Die Grenze war noch nicht mal, daß man sich jetzt vielleicht darum gestritten hätte, daß dieser Sozialismus nicht verbesserungswürdig wäre, dort hätte dieser Mann sicher zugestimmt, daß man das weiterentwickeln wird. Ich hatte ja nicht die Absicht, in den Westen zu gehen, das heißt, ich mußte meine Haut retten, und zwar so, daß ich dort in dieser DDR weiterleben könnte. Und das ist natürlich ein wahnsinniger Balanceakt gewesen.

Ich habe vierzehn Monate in U-Haft gesessen, bis die das alles auseinandergedröselt hatten, so jeden Bekannten, jedes Ereignis, und bin dann zu drei Jahren verknackt worden. Verurteilt wurde ich letztendlich wegen staatsfeindlicher Hetze, und zwar wegen Einführung und Weiterverbreitung von drei Büchern, das war einmal Orwell, dann Roi Medwedjew: Wahrheit ist unsere Stärke, und Gerhard Zwerenz, frag mich nicht nach dem Titel. Wenn man sich diese ganze Absurdität klarmacht, in der jetzt die ehemalige DDR-Geisteselite sitzt: Man wurde damals ernst genommen. Es ist doch völlig lächerlich, die Einfuhr von Büchern für Staatsbedrohung zu erklären. Was man faktisch ernst nimmt, ist die Macht des Gedankens. Und das ist eine Sache, mit der viele ehemalige DDR-Intellektuelle jetzt nicht mehr fertig werden. Sagen können, was sie wollen, reden können, schreiben können, das interessiert keinen Menschen. Während dort hast Du drei Jahre gekriegt. Du warst wichtig, du warst für diesen Staat wichtig, er hat dich ernst genommen.

Nachdem ich verurteilt wurde, kamen irgendwelche Genossen und sagten: Jetzt wollen wir uns doch mal über Ihre Zukunft unterhalten. Sie sind ja straffällig geworden, aber wir wissen ja, der Vater reinrassiger Proletarier, Sie wollen ja auch nicht mehr straffällig werden, nicht wahr. So schön ist es ja hier nun auch nicht, kurz, es lief darauf hinaus, ich sollte praktisch IM werden. Das ganze war ein relativ großzügiges Angebot, also Haftvergünstigungen, und die waren da auch schon irgendwie bemüht, und wir kommen in acht Wochen wieder und dann überlegen Sie sich das. Die kamen dann noch mal, da wurden sie dann konkret und sagten, vorgesehen ist, daß ich in der Jugendarbeit tätig werde, sie hätten also ihre entsprechenden kirchlichen Verbindungen, es wäre alles schon abgesprochen. In der Zeit lief dieses Honecker/Schönherr-Treffen, 1978. Ich fing da an, auch an der Kirche zu zweifeln.

Ich hatte faktisch drei Varianten. Zu sagen, nein, ohne mich, rauszugehen und irgendwann wieder reinzugehen, also ich kriege Arbeitsplatzbindung, Studienverbot, Ortsbindung, keinen Personalausweis. Nach dem Knast wäre ich im Grunde genommen wieder zurückgekehrt in eine Proletarierexistenz, in eine ganz rigide. Die Arbeiterklasse ist ja nicht so, die nimmt Sie wieder auf, da wir ja wissen, daß Sie nur in falsche Gesellschaft geraten sind. Das ist so ein Stereotyp oder ein typisches Element, also diese Unfähigkeit der DDR-Funktionäre wahrzunehmen, daß der Untergang der DDR von innen passiert. Das war mir irgendwie zu blöd, ich hatte einen Widerwillen. Das war irgendwie der Versuch, mich auf so eine dumme Art einzukaufen.

Das zweite war: Sie wollen ja weiter studieren, wir sind ja nicht so, Sie können ja weiter studieren, Sie wissen ja, es gibt ja auch staatliche theologische Hochschulen, es muß ja keine kirchliche sein, aber wenn Sie unbedingt an einer kirchlichen studieren wollen, unter gewissen Bedingungen haben wir da auch nichts dagegen. Spätestens in Cottbus im Strafvollzug ging es dann einfach ganz massiv um Zusammenarbeit, um eine konkrete Planung, welche Rolle ich in der Kirche spielen könnte. Die andere Variante war sozusagen, als Spitzel zu arbeiten.

Ich hatte diese ganze Geschichte bis dahin ganz gut überstanden, aber damals kriegte ich einfach Schlafstörungen und Schweißausbrüche und habe angefangen darüber nachzudenken, wegzugehen. Wenn du mit Leuten zusammen bist, die die ganze Zeit nichts anderes reden, was sie drüben machen werden, wo sie hinfahren werden, das ging so weit, daß ich relativ zeitig angefangen habe zu träumen, daß ich drüben bin. Das Unterbewußtsein war also viel weiter als das Bewußtsein. Irgendwie habe ich dann angefangen, an Konsequenzen zu denken. Das spitzte sich zu, als sie sagten, wir kommen wieder und überlegen Sie es sich. Ich habe mit zwei Freunden, die ich da inzwischen hatte, gesprochen und die haben gesagt, Mensch, du bist wahnsinnig, du kommst aus dieser Mühle nicht raus, egal wie, diesen früheren Stand der Unschuld, der ist nicht mehr herstellbar, komm rüber. Ich habe ja nie über den Westen nachgedacht unter der Perspektive, da wohnen zu müssen oder zu wollen. Die kamen dann wieder und haben Druck erzeugt, und ich habe ihnen dann gesagt, daß ich es ablehnen würde und ich es für das Beste halte, ich würde in den Westen gehen. Die haben mich beschimpft, daß ich jetzt da der Monopolkirche dienen würde. Aber wir haben uns dann geeinigt, daß ich einen Antrag stellen sollte, was ich dann auch gemacht habe, und zwei oder drei Monate später war ich weg.

Also ich wollte nicht in den Westen und ich denke, ich hab's einigermaßen ausgehalten. Die Verwandten kriegten natürlich die Panik, weil sie jetzt in ihrer Verwandtschaft einen Staatsverbrecher hatten und befürchteten, daß sie nicht mehr in den Westen reisen konnten. Ich habe mit denen nichts mehr zu tun gehabt. Meine Mutter und meine Freunde haben mir geholfen und Freunde, die sie über die Arbeit hatte und über die Kirchengemeinde. Ansonsten war da nichts.

In Karl-Marx-Stadt wird gesammelt, da kommen sie aus Brandenburg, aus Bautzen, aus Gera, also wo die Knäste sind. Der Vorgang ist so: In der Nacht um drei knirscht der Schlüssel. Transport! Der Laden ist hysterisch. Die Zelle wird aufgeschlossen, Licht geht an, Schiller, Sachen packen. Na, dann wirst Du umarmt, du verteilst schnell deine Habseligkeiten, Adressen werden noch mal schnell ausgetauscht, Du mußt Dir das alles einprägen, Du kommst rüber, Du mußt natürlich die Geschichten erzählen, damit die Leute rauskommen. Du gehst dann in die Kleiderkammer und empfängst deine Zivilsachen, eine Decke liegt auf dem

Boden, schmeißt alles rein, Bündel, und dann gehts ab. Wahrscheinlich haben wir vier Wochen in Karl-Marx-Stadt verbracht. Und was dort gemacht wird, ist, Du mußt dein Geld unter die Leute bringen, ich weiß nicht, wieviel ich hatte, 500 oder 600 Mark, das war verdammt viel Geld. Ich hatte im Vergleich 125 Mark Stipendium. War geradezu reich. Irgendwann wird dann ein Tisch aufgebaut, wo alle möglichen Sachen draufliegen, was Du haben willst, ich hatte damals zwei Hemden gekauft, so ein lilanes und ein anderes. Du hast eine Plastetüte, wo deine Habseligkeiten drin sind, und dann hast Du diese komischen Zivilsachen an, mit denen sie Dich vor 2 Jahren weggefangen haben. Und dann kommt dieser Bus, der steht dann auf dem Hof, gehst du auf den Hof rauf, steigst ein. Ich denke, Vogel hatte einen weißen Mercedes. Und der Bus ist voll, der kommt rein, sagt, Sie wissen jetzt, Sie werden in die Bundesrepublik entlassen, und ich erwarte, daß es hier keine Unannehmlichkeiten gibt. Die Tür geht zu, und dann fährt das Ding raus. Für mich der stärkste Effekt war, Bäume zu sehen, Grün zu sehen. Alles andere war mir relativ gleichgültig.

Im Nachhinein wußte ich, daß Leute von der Kirche dafür gesorgt haben, daß mein Name im Westen ist. Meine Mutter behauptet auch, das wäre irgendwie über den RIAS gegangen, daß ich verhaftet worden wäre. Das weiß ich nicht. Also ich bin am 30. oder 31. August rausgekommen und habe Mitte Oktober sofort angefangen zu studieren.

Ich habe irgendwann gesagt, Stasi sei Dank. Daß die mich da aus dieser verdammten Industriestadt, daß ich da rausgekommen bin, daß ich dieses Haus losgeworden bin, daß ich diese bucklige Verwandtschaft losgeworden bin, daß ich diese miefige Kirche losgeworden bin, daß ich endlich Bücher lesen kann, soviel ich will, und vernünftig diskutieren kann und denken kann. Was hätte mir denn Besseres passieren können. Irgendwann war doch, also zumindest einem Außenstehenden, klar, dort bewegt sich nichts mehr. Das ist nur noch Leerlauf, und da werden nur noch Leute verschlissen.

Ich bin ja nicht geflohen im strengen Sinne. Ich war nicht derjenige, der sich jetzt in dem Leben im Osten daraufhin orientiert hat, rauszukommen. Aber gleichzeitig bin ich aus dieser Gesellschaft geflohen. Jemand, der getrampt ist, einen Parka und so einen komischen Hut aufhatte, der war draußen. Und alles andere war mehr oder weniger so eine Art Selbstlauf. Ich denke, der Fluchtgedanke, das ist eine Außenperspektive, also ich habe mein Leben da nicht als Flucht verstanden und dadurch, daß ich irgendwie anders gelebt habe, habe ich mein Leben in der DDR nicht als langweilig empfunden.

Das Gespräch mit Rainer Schiller führte Andreas Ludwig.

Wohnhaus, Typ P2
Frankfurt/ Oder

Betonköpfe, oder: Schöner wohnen im Plattenbau

«Karnickelbuchten«, »Wohnsilos«, »Massenverwahrung« – das Repertoire an Witzen, Sarkasmen und Vulgarismen erweiterte sich mit jedem Neubaugebiet in der DDR, es schien unerschöpflich. Bleibt die Frage, wer die Schöpfer solcher Liebenswürdigkeiten waren. Diejenigen, die aus dem Inneren pulsierenden Großstadtlebens (»Berlin Ecke Schönhauser«), mit der Gewißheit, die Altbauwohnung biete auch mit wenig Licht, qualmenden Öfen, Schwamm und Außenklo noch ein Höchstmaß an Individualität, den kürzesten Weg durchs Neubaugebiet suchten? Zynische Architekten, die ihre Wohnutopien längst heimlich im eigenen Haus verwirklicht hatten? Oder die trotzigen Plattenbaubewohner selbst mit der (verbreiteten) Fähigkeit, unabänderliche Zustände durch Selbstironie und Galgenhumor erträglicher zu gestalten? Die Antwort muß offenbleiben. Ein Blick »von außen« genügt sicherlich nicht, dem Alltag der Leute, die sich zu irgendeinem Zeitpunkt aus mehr oder minder freien Stücken für das Wohnen im Plattenbau entschieden, gerecht zu werden. Wer hinter die scheinbar so gleichförmigen Fassaden schaut, macht zudem Entdeckungen. Die Wohnungen beginnen sich zu unterscheiden (manche sind »gleicher«), ihre Bewohner erst recht. Vielfältig sind auch deren Motive für die wohl umfassendste »Binnenmigration« in der DDR, miserable Wohnerfahrungen liegen ihr in jedem Fall zugrunde. Danach befragt, erweist sich das Verhältnis der Bewohner zur Wohnung wie zum Wohnumfeld im Neubaugebiet dauerhaft als liebevoll gespannt. Jede Generation wiederum entwickelte ihre eigene Beziehung zum Plattenbau. In den fünfziger und sechziger Jahren kam noch die kleinste Neubauwohnung einem Lottogewinn gleich (»Das kann ich Ihnen sagen, das war wie'n Nationalpreis!«), aber auch in den achtziger Jahren war ihre Akzeptanz nicht unbeträchtlich, und neueste Erhebungen besagen, daß trotz eines »freien Wohnungsmarktes« das Bedürfnis, sie zu verlassen, fast verschwindend gering ist. Kollektive Desensibilisierung?

Wir Wohnungssucher

Um eine Wohnung zu bekommen, waren wir DDR-Menschen zu einigem bereit: Wir schlugen uns Tage, Wochen, Monate auf Ämtern herum, schrieben Bittbriefe, genannt Eingaben, an Staat und Partei. Wir heirateten und/oder bekamen Kinder, denn junge Ehen und alleinstehende Mütter wurden bevorzugt mit Wohnraum versorgt. Wir wechselten die Arbeitsstelle, wenn der neue Betrieb ein Wohnungskontingent hatte. Wir waren auch bereit, ein Bestechungsgeld zu zahlen, woraufhin es in der einen oder anderen Abteilung Wohnraumlenkung schon mal zu

Personalablösungen kommen konnte. Wohnungsbesetzungen gehörten, vor allem in der Anonymität der Großstädte, ebenfalls zu unserem Alltag. Chaos und mangelnder Überblick der staatlichen Verwaltung – dessen konnten wir gewiß sein – siegten im Zweifelsfalle über die Kontrolle der Wohnraumerfassung und jährlich erstellte Vergabepläne. Unsere individuellen Bedürfnisse, unsere Familiengröße, unser Geschmack und sonstige Ansprüche blieben sekundär gegenüber dem einen Ziel: überhaupt eine Wohnung zu bekommen. In der Regel vergingen Jahre, in denen ein Hauptteil unserer Energien in die Wohnungssuche floß. Begeistert oder schlicht erschöpft zogen wir schließlich in den Plattenbau.

Im Plattenbau sind alle gleich

Es schien, als hätten sich im Wohnen die egalitären Gesellschaftsvisionen realisiert. Neubaugebiete in der DDR waren ein demographischer Querschnitt der Gesellschaft. Wenngleich die jeweils altersmäßige Homogenität der Bewohner latent auch soziale Probleme brachte – Klassen-, Schichten-, Statusunterschiede wurden im »Beton« erfolgreich eingeebnet. Im Neubau wohnte die kinderreiche Familie ebenso wie das Rentnerehepaar, die alleinerziehende Mutter wie der Single. Arbeiter auf Montage oder Studenten teilten sich die Typenwohnung im Wohnheim. Im Plattenbau wohnten der Minister und der Pförtner, der Generaldirektor und der Arbeiter, der SED-Bezirkssekretär und der Schlagersänger, der Fliesenleger und der Schriftsteller. Endlos wäre die Aufzählung fortzusetzen, alle Schichten wären vertreten und alle Berufe. Auch an prominenten Namen mangelte es nicht. Eines der letzten großen Neubaugebiete der DDR, Berlin-Hohenschönhausen, verzeichnete zum Schluß in seinen über 75.000 Wohnungen mehr als 50 Prozent Akademiker. Wer meint, mindestens Architekten hätten den Typenbau gemieden, irrt gewaltig. Was mancher unzufriedene Neubaubewohner im stillen gern als Vision einer Strafmaßnahme sah, nämlich daß die Planer der »Silos« selbst im »Beton« wohnen sollten, war längst Alltag. Im Falle des Stadtarchitekten von Eisenhüttenstadt mag dies noch wenig erstaunen. Daß sein Kollege in Halle, dessen Büro sich im Zentrum der Altstadt befand, seinen Wohnsitz in der Satellitenstadt Halle-Neustadt hatte, läßt schon eher aufhorchen. Zwei Architekten des Wohnungstyps P2 bewohnten über 30 Jahre den »eigenen« Versuchsbau. Nicht nur dienstlich, sondern auch privat kannte der Chefredakteur der »Kultur im Heim« – der DDR-Variante von »Schöner Wohnen« – das Problem der Individualisierung im genormten Wohnungstyp. Wohl waren einzelne Neubaugebiete begehrter als andere: meist die älteren, großzügigeren und bereits infrastrukturell erschlossenen gegenüber den enger, billiger und schlechter gebauten jüngeren; die Lückenbauten der Altstädte gegenüber den Großsiedlungen am Stadtrand. Den Neubauten in der Leipziger Straße, dicht an der Berliner Mauer, wurden schon in der Planung einige – nicht unerhebliche – Zentimeter zur genormten Wohnungsgröße zugeschlagen, weil die Reputation ihrer künftigen Mieter »repräsentativerer« Ausmaße bedurfte. Aber diese »feinen Unterschiede« nimmt nur der geübte Blick wahr. Dramatischer Wohnungsmangel, zentrale Wohnraumlenkung und undurchsichtige Privilegierungspolitik (die manchen Handwerker manchem Ministeriumsmitarbeiter vorzog) sorgten letztlich dafür, daß Bedürfnissen nach sozialer Distinktion im Wohnen nur minimale Realisierungschancen beschieden waren. Wenn also alle sich im Plattenbau einzurichten hatten, warum nicht auch wir?

Das Beste draus machen

Wohnungskontingente der Betriebe hatten, wie die AWG in den 50er und 60er Jahren, dafür gesorgt, daß Arbeitskollegen auch Wohnungsnachbarn waren. Weniger ein mangelndes Bedürfnis nach Privatsphäre als der Mangel an Alternativen ließ unsere Eltern diese Art »Kollektivierung« hinnehmen. Uns nachfolgenden Generationen schienen solche Wohngemeinschaften eher befremdlich, durch knappere Wohnungskontingente und AWG-Sperren blieben sie uns, selbst wenn wir gewollt hätten, erspart. Es verschlug uns nacheinander und vereinzelt in anonyme Satellitenstädte. Überall wohin man schaute... Beton. Die feinen Unterschiede gewannen an Bedeutung: Unser Häuserblock war nur fünf, nicht zehngeschossig! Ihn hatte das Berliner – nicht Suhler oder Schweriner – Wohnungsbaukombinat gebaut: (fast) 80 Quadratmeter WBS 70 gegenüber 55 Quadratmeter P2. Ein Randblock mit Blick aufs noch unbebaute Feld, frohlockten wir – bis der nächste Wohnblock (warum gerade vor unserem Haus?) auch diese Illusion zerstörte. Trotzig erklärten wir, daß wir immer noch schneller im Grünen waren als unsere Freunde aus der Innenstadt. Vorsichtshalber und um nicht dauerhaft im Beton zu versinken, behielten wir unsere alten Arbeitsstellen und nahmen lange Anfahrtswege in Kauf. Die Verkehrsanbindung war bestens gelöst. Im Wohnkomplex fanden wir alles, was wir brauchten: Kindergärten, Schulen, Spielplätze, Kaufhallen, Gaststättenkomplexe und Komplexannahmestellen. Mit einiger Gewöhnung verirrten wir uns nicht mehr im Labyrinth der Typenprojekte. Die Straßen unserer Wohngebiete hatten Namen (nicht, wie in Halle-Neustadt, Nummern). Damit unsere Kinder vom Spielplatz (immerhin gab es die hier!) ihren Weg nach Hause fanden, gaben wir in einer Mieterinitiative jedem Hauseingang ein unverwechselbares Gepräge: 6 - Biene Maja, 7 - Pittiplatsch, 8 - Benjamin Blümchen, 9 - Herr Fuchs und Frau Elster. Auch über die Vorgärten hatten wir Gestaltungsmacht. Erst recht über Balkone und Loggien. Langweiligen Geranien und Wagenrädern setzten wir Phantasie entgegen: Artenreichtum und Kräutervielfalt, Teppiche und Kunstrasen, Tapeten und Holzpaneele, überhaupt unsere hand- und kunsthandwerkliche Kreativität, Markisen und Schirme gegen die

Sonne (immerhin hatten wir welche!) nach unserem individuellen Geschmack. Der militante Hausreinigungsplan und die rührige Hausgemeinschaft machten uns manchmal zu schaffen (ausgerechnet sonnabends), aber wenigstens vergammelte das Haus nicht (wie in der Altstadt). Was uns überhaupt niemand nehmen konnte: die Ausgestaltung unserer Wohnung. Wir bauten an, um und aus nach unseren Bedürfnissen. Als erstes ließen wir in der Badzelle das Klo versetzen, um Platz für die Waschmaschine zu haben. Zum Glück hatten Feierabendbrigaden die Marktnische schnell entdeckt. Im Gegensatz zu unseren Eltern duldeten wir die Einheitstapete nicht einmal als Provisorium – wir klebten Rauhfaser. So wir welches erstehen konnten, verkleideten wir die Wände mit Holz. Vor Stuck an der Decke schreckten wir nicht zurück. Wenn nicht die ganze Tür, ersetzten wir wenigstens die Klinken. Keiner konnte uns vorschreiben, wie wir uns einzurichten hatten – außer der Grundriß der Wohnung selbst. Ein Blick in die Nachbarwohnung konnte unser Individualitäts- und Selbstbewußtsein wanken lassen. Aber die Wände waren immer zu kurz, die Decken immer zu niedrig, die Raumaufteilung normiert. Wir suchten und fanden Auswege. Die Küchendurchreiche bauten wir zu, und die Polstergarnitur plazierten wir in der Eßecke. Oder wir rissen die Durchreiche gleich weg. Das Kinderzimmer machten wir zum Schlafzimmer und umgekehrt. Der Hobbyraum bekam eine Tür, so hatten wir noch ein Zimmer mehr. Andere Türen hängten wir aus, so wurden die Zimmer größer. Die Nische im Flur – ein prima Arbeitsplatz. Sogar Zwischendecken und Hängeböden gelangen uns bei 2,45 Meter Zimmerhöhe. Wenn nötig, bauten wir die Einbauschranke aus. Wir eigneten uns die Standardwohnung an. Die richtigen Möbel produzierte die Möbelindustrie nie. Unseren individuellen Bedürfnissen entsprechende schon gar nicht. Dennoch lehnten wir die Einheitsmöblierung ab. »Kultur im Heim« zeigte uns, wie aus der kleinsten Wohnung ein Schmuckstück werden konnte. Wir bauten Regale und Raumteiler, belebten die Wohnung durch Erbstücke oder Trödelmarktkäufe. Die Einbauküche tauschten wir einfach aus oder strichen sie an. Das Ehebett stellten wir in neun Quadratmetern über Eck. Wenn es mit der Möblierung so recht individuell nicht klappen wollte, die Dekoration tat es auf jeden Fall. Indische Sitzkissen, römische Amphoren und böhmisches Glas zeugten von unserer Weltläufigkeit; Strohblumengestecke, ovale Bilderrahmen, Setzkästen und Palmen von unseren regelmäßigen Wochenmarkttrips; Kissenbezüge, Wandteppiche und Blumenschaukeln von unseren Hobbys; Womackas »Paar am Strand«, van Goghs »Sonnenblumen«, ein aufgeblockter Mattheuer oder ein echter Sandberg von unserem Bedürfnis nach Kunst und vieles mehr von unseren guten Beziehungen und unserem Geschmack. So, wie sie nun war, wurde uns unsere Neubauwohnung lieb und teuer. Als die Wende kam, liebäugelten wir mit einem Umzug in die größere Wohnung oder die schönere

Gegend. Ein kurzer Blick auf die Mietenentwicklung ließ uns innehalten. Brauchten wir wirklich Anderes und Besseres? Warum sollte, was zehn Jahre gut war, nicht auch noch die nächsten zwanzig gut sein? Hatten wir nicht gerade auf diese Wohnung so lange gewartet, daß es unser letzter Umzug sein sollte? Hatten wir nicht soviel investiert, daß es für die Dauer war? Jetzt, wo es unsere eigene Wohnung war, von vorn anfangen?

Petra Gruner

Prototyp des Wohnhauses P2

P2 macht das Rennen

Wohnungsbau als sozio-kulturelles Programm

Nie war Wohnen in der DDR ausschließlich Privatangelegenheit. Vom Wohnungsbau bis zur Einrichtung der Wohnung reichte der Versuch, die sozialen und kulturell-erzieherischen Implikationen des Gesellschaftsmodells durchzusetzen. Die Wohnungsfrage hatte symbolischen Wert und stand deshalb mehrfach im Mittelpunkt politischer Programme.

Nicht zufällig waren immer einmal wieder Bauingenieure und Architekten beliebte Helden der DDR-Literatur. Tom Breitsprecher in Karl-Heinz Jakobs' Roman »Beschreibung eines Sommers« (1963) oder Kati Klee in Erik Neutschs »Spur der Steine« (1964) hatte der Bau der Stalinallee zu ihrer Berufswahl motiviert, als Utopie, daß von nun an sich die Arbeiterklasse ihre Paläste baute, wie »jede herrschende Klasse« vor ihr. Dennoch zog es beide Ende der 50er Jahre vom Wohnungsbau zu den Industrie-Großprojekten der DDR, die mehr als jener den Fortschritt der Gesellschaft verkörperten.

Die Architektin Franziska Linkerhand aus Brigitte Reimanns gleichnamigem Roman (1974) entschied sich einige Jahre später bewußt für den industrialisierten und typisierten Wohnungsbau. Ihre Visionen von einer sozialistischen Zukunftsstadt geraten in der »Häuserfabrik« Neustadt aber rasch in Konfrontation zum nüchternen Realitätssinn des Stadtarchitekten: »Wenn Sie der Auffassung sind, daß Neustadt ein Experimentierfeld ist, dann revidieren Sie diese Auffassung. Wir haben keine Zeit für Spielereien. Wir haben nur eine Aufgabe: Wohnungen für unsere Werktätigen zu bauen, so viele, so schnell, so billig wie möglich.«

Hier spiegelt sich ein Stück weit auch die Entwicklung des Wohnungsbaus in der DDR wider und der unterschiedliche Rang, der ihm in drei großen Wohnungsbauprogrammen beigemessen wurde:

Die Phase des Wiederaufbaus und so visionärer wie irrationaler Ziele des Wohnungsbaus, verkörpert im ersten Teil der Stalinallee. Das Wohnungsbauprogramm des Siebenjahrplans mit seinem Versuch, Zwänge des Massenwohnungsbaus und gesellschaftskulturelle Ansprüche in Deckung zu bringen. Das Wohnungsbauprogramm der 70er und 80er Jahre mit dem vollständigen Sieg von Ökonomie und Technologie über wohnkulturelle Konzepte und gleichzeitig einer Von-der-Hand-in-den-Mund-Ideologie.

»Besser leben – schöner wohnen«

Die »Formalismusdebatte« der 50er Jahre machte um Architektur, Wohnungsbau und Innenarchitektur keinen Bogen. Ihr Höhepunkt war die Innenarchitekturkonferenz der Deutschen Bauakademie innerhalb der Ausstellung »Besser leben – schöner wohnen« im November 1953 in Berlin. »Die Familien unserer Werktätigen unterscheiden sich ... grundlegend von den Arbeiterfamilien im Kapitalismus...« Man könne sie daher nicht mit den »Kleinstwohnungen« des »sogenannten sozialen Wohnungsbaus« abspeisen. Abgelehnt wurden die »rein funktionellen Grundrißlösungen« im Wohnungsbau, beklagt die »Entartung« der Formen, Inhumanität und der »völlige Bruch mit dem nationalen Erbe« in der Architektur. In der Stalinallee stünde die Innenarchitektur nicht im »Einklang« mit der »Außengestaltung der monumentalen Wohnbauten«; die Ausstattungen der Wohnungen in Stalinstadt zeichneten sich durch »Lieblosigkeit« aus. Allerdings werde man auch künftig »an der Stalinallee in Berlin ... aufwendiger bauen als – sagen wir in Prenzlau, entsprechend der gesellschaftlichen und architektonischen Bedeutung dieser Wohnbauten.« Stuck, Marmor, Paneele, Parkett und Holzvertäfelung, »schöne schmiedeeiserne Gitter« und Decken mit »reichen Vouten und Rosetten« sollten von nun an die Wohnungen der Werktätigen zieren. Vorbilder boten dabei ebenso Moskauer Treppenflure und die sowjetische Botschaft in Berlin – in den »besten Traditionen des Empire« – wie der »Blaue Salon« in Schloß Paretz bei Potsdam. Während Spätbarock, Chippendale und Klassizismus sowie »die ernsten und würdigen Formen der Renaissance« geeignete Traditionsbezüge sozialistischer Innenarchitektur hergaben, erhielten die Deutschen Werkstätten Hellerau eine »Abmahnung«: Sie verstünden nicht, »daß der Zweck nicht das allein bestimmende Element in der Möbelgestaltung sein kann. Sie bauen nach wie vor einfache, glatte, kastenartige Möbel sowie Anbaumöbel und vertreten immer noch den Grundsatz ihres Gründungsprogramms von 1889, der die Aufgabe des Mobiliars als Kunstwerk ausschaltet: ›Wir wollen Möbel schaffen, die so gestaltet sind, daß jedes Hausgerät seinem Zwecke aufs beste dient und diesen Zweck in seinen Formen zum Ausdruck bringt.‹ In Hellerau ist man besonders stolz auf die ›Wachsende Wohnung‹, die aber weder einzeln noch zusammengesetzt unsere ästhetischen Forderungen befriedigen können. Die Anbaumöbel sind aus den Tendenzen des sogenannten sozialen Wohnungsbaues entstanden, und ihnen muß die Berechtigung vor allem in der Form, wie sie heute im Handel sind, abgesprochen werden.« Das Neue war nicht alt genug.

In solchen Debatten verlor sich die Voraussetzung: »Besser leben« erforderte zunächst, überhaupt eine Wohnung zu haben. Das Haus an der Weberwiese und die Berliner Stalinallee, Symbole des Wiederaufbaus und des neuen Wohnens, konnten nicht darüber hinwegtäuschen, daß die Wohnsituation für die große Mehrheit der Menschen im Arbeiter- und Bauern-Staat katastrophal war. So wurde im Zuge des Neuen Kurses das Wohnungsbauprogramm des Fünfjahrplans (1951–1955) für die »53 wichtigsten Städte der DDR« durch ein Zusatzprogramm ergänzt. Es war ein Wiederaufbau- und Minimalprogramm, in dem bei einer durchschnittlichen Wohnfläche von 42 Quadratmetern 2-Zimmerwohnungen 50 Prozent, 3-Zimmerwohnungen 40 Prozent des geplanten Wohnungsbestandes ausmachten. Die Vernachlässigung des Wohnungsbaus geriet erst Mitte der 50er Jahre deutlich in den Blick. Westliches Wirtschaftswunder – auch im Wohnungsbau – und stetig wachsende Flüchtlingszahlen, die unschwer auch mit dem Wohnungsmangel in der DDR in Verbindung zu bringen waren, schufen Veränderungsdruck. Der Wohnungsbau wurde, so Walter Ulbricht auf der 3. Baukonferenz 1960, »zu einem Grundproblem im friedlichen Wettkampf für die Überlegenheit der sozialistischen Ordnung ... über das kapitalistische System in Westdeutschland«.

Für das Jahr 1955 lagen erstmals Zahlen zum Wohnungsneubau in der DDR vor. Danach trugen die 1954 gegründeten Arbeiterwohnungsbaugenossenschaften (AWG) bis 1957 den Hauptanteil: Von 3.225 Wohnungen 1955 erreichte der genossenschaftliche Wohnungsbau im Jahr des Mauerbaus seinen Höchststand mit 54.109 Wohnungen und nahm in den folgenden Jahren stetig bis auf ein Fünftel im Jahre 1971 ab. Er stieg noch einmal mit dem nächsten Wohnungsbauprogramm bis auf 43.102 im Jahre 1978 und fiel danach wiederum bis auf 24.106 Genossenschaftswohnungen 1988.

»Überholen ohne einzuholen«
Das Wohnungsbauprogramm des Siebenjahrplans

»Zieht euch Siebenmeilenstiefel an und geht mit uns an die Baustellen...«, rief eine optimistische Fibel des Pädagogischen Bezirkskabinetts Frankfurt/Oder 1960 die Jungpioniere der Republik auf. Die Fibel sei – in Anspielung auf die magische Zahl – dennoch »kein Märchenbuch, sondern die wahre Geschichte von sieben guten Jahren«. Für jeden Bezirk der DDR entstanden solche Lehrhefte zum Siebenjahrplan (1959-1965), in denen neben den anderen Zukunftsprojekten für »den Sieg des Sozialismus bis 1965« auch sein Kernstück, das Wohnungsbauprogramm, in Verse gefaßt war. Die Bilder gleichen sich: Junge Pioniere auf einer Baustelle sehen zu, wie ein Haus in Großblockbauweise entsteht. Ein in den Himmel ragender Baukran, ein wachsender Häuserblock und gestikulierende Bauarbeiter symbolisieren eine lichte Zukunft: »Wer richtig in die Zukunft schaut, / schneller, besser, billiger baut. / Früher fügt' man Stein an Stein, / heute setzt man Wände ein.«

Wohnräume im P2
Fotoserie: Sybille Bergemann

»Jedem eine Wohnung« bis 1965 lautete das Programm, das mit 772.000 Wohnungen den Wohnraummangel endgültig beseitigen sollte. »Jedem seine Wohnung« würde es im Nachfolgeplan heißen können. Industrialisierung und Typisierung wurden zu Zauberwörtern sozialistischen Bauens. Mit der Beseitigung der Wohnungsnot allein wollte man sich aber nicht bescheiden. Zu den zwei Säulen Industrialisierung und Typenprojektierung fügte sich folgerichtig die dritte: die Förderung »sozialistischen Bewußtseins« und der »sozialistischen Lebensweise«. Der Wohnungsbau wurde zum sozialen, politischen und kulturellen Programm: »Der Wohnungsbau und die ... sozialistische Umgestaltung der Städte und Dörfer sind von besonderer Bedeutung, weil die veränderten Lebensbedingungen, die neuen räumlichen Beziehungen der Menschen im Sozialismus in hohem Maße zur Entwicklung des gesellschaftlichen Lebens beitragen.« (Walter Ulbricht)

Dem ehrgeizigen Vorhaben fiel wiederum die Wohnungsfläche zum Opfer. 1958 waren 24 Prozent aller Wohnungen nach Typen gebaut, bei durchschnittlich 61 Quadratmetern Wohnfläche. 1959 betrug der Anteil der Typenbauten bereits 68 Prozent, die Wohnfläche 56 Quadratmeter. Nun allseits fixiertes Ziel war eine Durchschnittswohnfläche von 55 Quadratmetern. Als anzustrebende »Normalwohnung« galt die Zweieinhalbzimmerwohnung für maximal 4 Personen. Die noch mit der Stalinallee in Aussicht gestellten »Arbeiterpaläste« gehörten endgültig der Vergangenheit an. In vertrauter Manier wurde das Dilemma zum Vorzug: »Es ist eine weitverbreitete, aber falsche Meinung, daß mit dem umfassenden Aufbau des Sozialismus auch die Wohnungsgröße wachsen muß.«

Immerhin noch öffentlich verhandelt, wurden festgelegte Durchschnittswohnfläche und hohe Belegungsnormen zum ständigen Stein des Anstoßes. Als einsamer Rufer verwies ein Sozialhygieniker 1960 auf den »kausalen Zusammenhang zwischen Wohnungsstruktur und Kinderzahl« und kritisierte die Typenprojekte als »Bremse der Bevölkerungsreproduktion«. Diese »Normalwohnung« fördere – wie die als überwunden postulierten »Kleinst- und Kleinwohnungen« in Westdeutschland und Österreich – die Ein-Kind-Ehe und stünde damit vollständig im Gegensatz zur Familienförderung in der DDR. Aber schon 1962 wurde die Durchschnittswohnfläche ein weiteres Mal gesenkt: auf 49-50 Quadratmeter.

Allerdings hatte die starre Fixierung auf die Durchschnittswohnfläche auch unerwünschte Nebeneffekte. Die Wohnungsbaubetriebe legten die Vorgaben fortan auf ihre Weise aus, indem sie etwa mehr Zweiraumwohnungen bauten, bis die Staatliche Plankommission einen Schlüssel vorgab, der den Anteil der Wohnungsgrößen jeweils festlegte. Wege der Umgehung fanden sich trotzdem immer wieder.

Die Betroffenen machten sich in den Leserbriefspalten der Publikumszeitschriften »Kultur im Heim« oder »Für Dich« Luft: »Immer habe ich mir gewünscht, mindestens drei Kinder zu haben. ... Wird denn der Wunsch nach Kinderreichtum beim Wohnungsbau überhaupt berücksichtigt?« Aber meist wurden sie mit Antworten wie diesen abgespeist: »Die Größe der Wohnung von 55 qm entspricht den derzeitigen ökonomischen Möglichkeiten und genügt den Anforderungen, die man heute, auch im internationalen Maßstab, an eine Wohnung stellen kann, vollauf. Der Wert einer Wohnung wird auch nicht so sehr durch ihre Größe, als vielmehr durch eine sinnvolle Möblierung bestimmt.« Sogar der verpönte soziale Wohnungsbau im Kapitalismus durfte für die Argumentation herhalten: In Schweden habe die Durchschnitts-Dreiraumwohnung auch nur 57 Quadratmeter, »man baut im Massenwohnungsbau nicht größer als wir«.

Die Wende zum modernen Massenwohnungsbau hatte auch Auswirkungen auf die Entwicklung der Innenarchitektur. Die neuen Wohnungsgrößen ebenso wie die Ablösung der Handwerksproduktion ließen voluminöse Garniturmöbel nicht mehr zu. Ein eigener, sozialistischer Wohnstil, der den realen Lebens- und Wohnbedingungen entsprach, wurde propagiert. Ihm zum Durchbruch zu verhelfen, verschrieb sich vor allem die 1956 gegründete Zeitschrift »Kultur im Heim«. »Modern«, aber »nicht modisch«, sollte die Einrichtung sein, »langlebig«, »klar« und »ohne unbegründete Dekors«. Durch die Hintertür kam die Bauhaustradition zu neuen Ehren, nur daß die »Wachsende Wohnung« jetzt »Komplettierungsfähige Anbaumöbel« hieß. Variable Typensätze, ergänzt durch »Stuhlsessel« und »Schlafcouch« (als »Sitz- und Liegemöbel«) sollten traditionelle Wohn- und Schlafzimmergarnituren ersetzen.

Eine umfassende Kampagne der »Erziehung zur Wohnkultur« begann. Nicht nur »Kultur im Heim«, sondern auch andere Zeitungen und Zeitschriften publizierten regelmäßig Gestaltungsideen von Architekten und Innenausstattern zur Möblierung, aber auch zum sinnvollen Gebrauch von Lampen, Uhren, Bildern etc., was im übrigen fast immer eine Kritik der unzulänglichen Produktion einschloß. Besonderer Aufmerksamkeit erfreute sich die »Küche der werktätigen Frau«, ließ sich doch hier der Zusammenhang zwischen »gesellschaftlicher Notwendigkeit« und privaten Bedürfnissen gut exemplifizieren.

1965 wurden 82,6 Prozent aller Wohnungen in Montagebauweise errichtet. Der Bezirk Suhl hielt mit 99,3 Prozent den Spitzenwert, Dresden und Frankfurt/Oder lagen mit immerhin 77,4 bzw. 77,6 Prozent an der unteren Grenze. Die Zahl gebauter Wohnungen blieb trotzdem Jahr für Jahr unter dem Plansoll. Neue Industriegebiete (Lauchhammer, Rostock-Reutershagen, Eisenhüttenstadt, Wolfen, Hoyerswerda, Schwedt) waren auch zu Wohnungsbauschwerpunkten geworden. Sie zogen immer mehr Menschen an, nicht nur, weil hier Arbeit war, sondern auch, weil sie Wohnungsprobleme lösten. Der zeitgleich angestrebte »Aufbau sozialistischer Stadtzentren« band wiederum Baukapazitäten. Der Höhepunkt

»Familien«
Fotoserie Christian Borchert

des Wohnungsbauprogramms war schon überschritten: Die Zahl von 85.500 Wohnungen des Jahres 1961 wurde erst 1974, als das nächste Wohnungsbauprogramm in vollem Gange war, wieder erreicht und in den Folgejahren übertroffen. Hatte der Mauerbau die Wohnungsfrage in den Hintergrund geraten lassen?

P2 macht das Rennen

»Vorbei ist die Ära plüschigen Prunks, vorbei die Zeit der Löwenköpfe an Bücherschränken, vorbei die Zeit wuchtiger Möbel. Ein neuer Stil des Wohnens blickt uns an, geradlinig, ästhetisch, großzügig. ... Was da jeweils auf durchschnittlich 55 Quadratmeter Raum Platz gefunden hat, das ist verblüffend.« Die euphorische Zustimmung der Journalistin der »Berliner Zeitung« auf der Seite »Für unsere Frauen« galt einem Experimental-Wohnblock, der sich unter dem Kürzel »P2« im Berliner Fennpfuhl 1962 der Öffentlichkeit stellte. Nur in einer Hinsicht, in der Plattenbauweise, hatte er etwas gemein mit dem »P 1«, dem ersten Plattenbau der DDR, der in der »zweiten sozialistischen Stadt« Hoyerswerda und auch schon in der Berliner (nunmehr) Karl-Marx-Allee gebaut wurde. Daß er nicht nur technologisch, sondern auch wohnkonzeptionell über bisherige Typenbauten hinausging, zeigte die im Experimentalbau beherbergte Ausstellung »neues leben – neues wohnen«: 15 von Innenarchitekten eingerichtete Musterwohnungen konnten sechs Wochen lang begangen und besichtigt werden. Die Ausstellung zählte in sechs Wochen 32.000 Besucher.

Der P2 war zunächst ein Versuch, viele Mängel des Typenbaus in der zweiten Hälfte der 50er Jahre zu überwinden. Rationellere und wirtschaftlichere Anwendungsmöglichkeiten der Montagebauweise waren gefragt, mehr Wohnfläche bei gleicher Gesamtfläche, niedrigere Tiefbaukosten und Baugewicht, weniger Baustahlverbrauch, mehr genormte Fertigteile. Wer, wie die Architekten des P2, sich dem typisierten Wohnungsbau verschrieb, mußte fortan mit Plankennziffern leben, innerhalb derer die gestalterische Bewegungsfreiheit begrenzt war. Der P2 war dennoch der Versuch junger Architekten, die Möglichkeiten industriellen Bauens mit den Anforderungen an modernes Wohnen zu verbinden.

»Nun gut, wir waren eben damals jung, und wir wollten – wissen Sie, das ist ja auch gar nicht immer alles so spannend – man sitzt da eigentlich und sagt: Was die Alten machen, ist alles Mist, und im Studium hat man einige Zeitschriften gesehen und was gelernt..., und man will es eigentlich erstmal anders machen als die vorher – das ist ja der Ausgangspunkt. Und wenn dann so eine neue technische Möglichkeit plötzlich kommt, Sechs-Meter-Spannbeton, na, dann sagt man: Was kann man daraus machen? Dann haben wir gesagt, diese blöden Zimmer, die immer so schmal sind, dreifünfundzwanzig breit und in der Tiefe hinten dunkel, da müßten wir doch eigentlich versuchen, daß wir die sechs Meter dafür nutzen, daß so'n Wohnraum nun so richtig ordentlich breit ist. Das war der eine Ausgangspunkt. Und der andre Ausgangspunkt war eigentlich – tja, das waren die 60er Jahre: Frauengleichberechtigung; und für uns Männer reflektierte sich das dann so: Also, dann müssen wir was mit der Küche machen! Wenn wir schon nicht die Möglichkeit haben, die Küche – damals gab's ja zwei Richtungen – so zu perfektionieren, daß Computer da die Arbeit machen oder zumindestens gute Maschinen, wenn wir die andre Möglichkeit ablehnen, was wir auch taten, also das Kochen kollektiv zu organisieren wie die Kommunehäuser usw., das gefiel uns nun gar nicht, dann wollen wir wenigstens versuchen, die Abgeschiedenheit de Küche in der Wohnung, die mangelnde Verbindung zum Wohnraum, aufzulösen und die Küche so zu legen, daß man die Gelegenheit hat, aus ihr rauszugucken und die anderen im Wohnzimmer zu sehen, selbst wenn man Besuch hat, und man braucht ein Gespräch nicht zu unterbrechen, wenn man in die Küche geht usw. Das waren eigentlich die Hauptgedanken. Und dann kam natürlich, von uns selber auch, klar, wir wollten ja auch wirtschaftlich sein, die Überlegung: Wenn wir so nen breiten Wohnraum machen, dann werden ja alle Häuser länger, also kriegen wir wieder weniger Häuser auf die Stelle... kriegen wieder weniger Leute ne Wohnung – war'n kräftiges Argument, kann man nichts gegen sagen... Und dann haben wir gesagt: Na gut, wenn wir soviel Fläche für den Wohnraum gerne außen haben wollen und große Fenster, dann müssen wir den Rest nach innen legen und dafür keine Außenflächen verbuttern. Wozu muß im Treppenhaus Licht sein? Also legen wir das nach innen. Und eigentlich braucht in der Küche auch kein Licht zu sein, denn – so waren unsere Überlegungen – das Kochen wird ja immer weniger, so Puzzlearbeiten, also Kartoffeln will keiner mehr schälen und ewig rumkochen auch nicht, haut man in 'n Mikrogrill, und das wird ja alles nicht mehr dieser Aufriß sein und... So war ja eigentlich die ganze Diskussion damals.«

Der neue Wohnungsgrundriß verlagerte den »technischen Teil« des Hauses, das Treppenhaus sowie die »Funktionsräume« Bad und Küche einschließlich aller Kabel und Leitungen in das Innere des Gebäudes. Außen herum lagerten sich die Wohnräume, die wiederum in Kommunikations- und »stille Bereiche« getrennt waren. Das Wohnzimmer, als zentraler Kommunikationsort, erhielt über die gesamte Länge des Raumes von sechs Metern eine Fenster- und Balkonfront. Durch das volle Licht erschien er optisch sogar noch ein bißchen größer, als er war.

Durch eine gläserne Vitrine – die »Durchreiche« – fiel das Licht der Wohnzimmerfensterfront in die Innenküche. Die Funktionsbeziehungen Kochen, Essen, Wohnen wurden mittels der Durchreicheküche vereint. Die »kommunikationsfreundliche« Küche sollte sich nicht mehr verstecken, funktionelle Einbauten den rationellsten Arbeitsablauf sichern. »Mit einem Griff« sollte die Hausfrau jedes

Element erreichen können und gleichzeitig durch die Glasvitrine »die im Wohnzimmer spielenden Kinder« unter Beobachtung haben.

Alle Räume der Wohnung, auch das Wohnzimmer, erhielten deckenhohe Einbauschränke für die Unterbringung von Hausrat und Kleidung, die die Wohnfläche entlasteten. Die notwendige individuelle Einrichtung beschränkte sich so auf ein Minimum beweglicher Möbel: Sitz- und Liegemöbel, Tische und Lampen. Statt einer Unterkellerung sah ein Sockelgeschoß Gemeinschaftsräume vor: für Versammlungen und Feiern, zum Basteln, zum Wäschetrocknen, als Abstellräume für Kinderwagen und Fahrräder usw.

»Die Wohnung sah halt anders aus als die vorher... Was 'ne Rolle spielte, das war dieser alte Traum, der auch mit dem Bauhaus immer wieder genährt wurde, Zimmer zu haben, die sehr lichtdurchflutet sind, sehr hell, große Fenster haben, was wir ja auch geschafft haben – das war der eine Gesichtspunkt. Der zweite war, daß wir meinten, daß diese stereotype Aufteilung, die jahrhundertelang gelaufen war – also fast alle Räume gleich groß, und das eine ist eben die gute Stube, und das andere ist ein mehr oder weniger gutes Schlafzimmer –, nicht mehr zeitgemäß ist. Also bemühten wir uns, die Schlafzimmer so klein wie möglich zu machen – daher auch von vorherein Einbauschränke – und alles dem Wohnraum zuzugeben. Und gemessen an bisherigen Typen wurde der Wohnraum dann vier bis fünf Quadratmeter größer, war nicht mehr 18, sondern 22. Das war unser großer Traum, ein großes Wohnzimmer zu haben. Das spielte also eine Rolle: dem Wohnzimmer den Geruch der kaum benutzten guten Stube zu nehmen und der Küche den Geruch der reinen Arbeitsküche bzw. der schmuddeligen Wohnküche – wir haben damals auch ein bißchen die Wohnküche diskriminiert...«

Mit dieser Absage an die traditionelle Wohnungsgliederung und Konventionen war der P2 zugleich der Entwurf einer neuen Wohnform unter sich verändernden Lebens-, Wohn- und Familienstrukturen. Als solcher fand er viel, aber nicht ungeteilte Zustimmung. Die Serienfertigung blieb ihm zunächst verwehrt. Von »Wir können den Werktätigen nicht mehr versprechen, als wir halten können« bis »Unsere Werktätigen wollen das nicht«, lautete die Kritik. Erst ein überarbeiteter Grundriß, der 1963 zum Wettbewerb »Neue Typenprojekte für den Wohnungsbau« eingereicht wurde, die strengeren wohnpolitischen Vorgaben (u.a. die reduzierte Durchschnittswohnfläche) einhielt und damit den 1. Preis gewann, ebnete dem P2 nach der Errichtung eines weiteren Versuchsbaus 1965 in Berlin den Weg in die Serie. Ab 1966 wurde er in fast allen Bezirken der DDR gebaut.

Der P2 entstand in einer gesellschaftlichen Aufbruchstimmung. Allein die Öffentlichkeit der Diskussion des neuen Wohnungstyps – die sich in Fach- und Publikumszeitschriften aber auch in Tageszeitungen widerspiegelte – blieb singulär in der Geschichte des DDR-Wohnungsbaus. Entwicklungen im Ausland – in Skandinavien, aber auch Westdeutschland – wurden noch wahrgenommen und, wenngleich immer mehr mit sich überlegen gebenden Kommentaren, publiziert. Andererseits spiegelten sich im P2-Entwurf wie in der Diskussion die gesellschaftlichen Visionen sozialistischer Lebensweise wider: Arbeitszeitverkürzung, Berufstätigkeit beider Ehepartner, Ganztagsschule, Dienstleistungsbetriebe sollten das Leben bestimmen, das sich überhaupt aus dem Privaten immer mehr ins Gesellschaftliche verlagerte. Die Wohnungsgröße wurde so tatsächlich zum sekundären, die Funktionalität der Wohnung zum erstrangigen Ziel. Der neue Wohnungstyp war eine adäquate Entsprechung dieser gesellschaftlichen Stimmung.

Seine öffentliche Diskussion spiegelte gleichzeitig Problemzonen: Die Küche war von Anfang an und blieb seitens der »werktätigen Frauen« umstritten, wie die »Für Dich« nach einer Leserinnendiskussion feststellte: »Das innenliegende Bad sowie die innenliegende Küche, die sich im Ausland schon seit langem bewährt haben, stoßen leider bei vielen Frauen in unserer Republik noch immer auf Ablehnung.« Räumlich auf ein Minimum reduziert, ohne Fenster und von außen einsehbar, widersprach sie tradierten Mustern denn doch zu sehr: »Eine bessere Trennung der immer etwas unsauberen Küche zum sauberen Wohnzimmer ist wünschenswert.« »Der Durchschiebeschrank ist sehr bedenklich, da es doch in der Küche manchmal Unordnung gibt.« »Ich würde eine größere Küche mit Eßplatz vorziehen. Bei Haushalten mit kleineren Kindern ist das sicher praktischer.« Auch der Verzicht auf die eigene Möblierung der Räume stieß auf Vorbehalte: »Was machen die Familien mit kompletten Schlafzimmern, also mit Schränken, wenn sie in eine solche Wohnung einziehen?« Und der »kommunikationsfreundliche« größere Wohnraum hatte eine Kehrseite: »Alle Wohnungen bestimmen von vornherein, welche Räume das Wohnzimmer, das Schlafzimmer und so weiter sein müssen. Eine individuelle Wahl der Zimmer ist dadurch unmöglich.«

»Die Wohnung von morgen« und »Die Wohnung der Zukunft« waren Artikel über den P2 in Zeitungen und Zeitschriften der 60er Jahre überschrieben. Daß dies in ungeahnter Weise wörtlich zu nehmen war, hatten sich seine Architekten allerdings nicht träumen lassen. Mit fünf Jahren als durchschnittlicher Laufzeit eines Wohnungstyps hatten sie gerechnet.

»Es muß so 1972 gewesen sein, kurz bevor das Wohnungsbauprogramm verkündet wurde, da traf ich auf der Straße einen Mitarbeiter vom Ministerium, und der teilte mir mit, daß eben die 70.000ste – oder war es die 170.000ste? – Wohnung von P2 gebaut worden ist. Nach seinem Gesichtsausdruck meinte er offensichtlich, ich würde jetzt in Freudentränen ausbrechen, aber ich ging etwas bedrückt von dannen, weil – so hatte ichs mir eigentlich nicht vorgestellt, daß es nun so viele sind. Und noch 1990, im Herbst, wurden die letzten P2 gebaut. Aber wenn inzwischen der Wartburg ins vierzigste Jahr ging, brauchte man sich nicht zu wundern, das Wohnungstypen auch so lange gingen...«

In bezirklichen Varianten war der P2 bis zum Ende der DDR der verbreitetste Wohnungstyp. Fast alle innerstädtischen Wohnkomplexe griffen auf die Typenbauserie zurück. Was jedoch unter den Sparmaßnahmen der 70er Jahre vom P2 übrigblieb, glich – von Ausnahmen wie der Leipziger Straße oder dem Leninplatz in Berlin abgesehen – meist nur noch entfernt dem Entwurf: Das Wohnzimmer schrumpfte, aus der Glasvitrinendurchreiche wurde eine Betonwand, die Fenster wurden kleiner, auf Einbauschränke zum Schluß gänzlich verzichtet. Den Wohnungstyp, der einst seiner Zeit voraus war, hatte die Zeit mehr als eingeholt.

Komplexe Rationalisierung – Sozialer Wohnungsbau oder Abschied von Illusionen?

Gut zehn Jahre nach dem Abbruch des Siebenjahrplans, im Oktober 1973, wurde das dritte Wohnungsbauprogramm der DDR-Geschichte beschlossen, diesmal für drei Millionen Wohnungen. Zwischen 1976 und 1990 sollte die »Wohnungsfrage als soziale Frage« gelöst werden. Es war dies das deutliche Eingeständnis, daß es beträchtliche Rückstände im Wohnungsbau der Vorjahre gegeben hatte und daß in der DDR noch immer Wohnungsnot herrschte. Die Ausstattung der weitgehend vernachlässigten Altbauwohnungen ließ zu wünschen übrig. Die zahlreichen sozialpolitischen Maßnahmen im Gefolge des VIII. Parteitags, mit denen der Staat insbesondere die jüngeren Generationen bedachte, bedurften darüber hinaus entsprechender Begleitprogramme: Wenn junge Leute Kinder bekommen sollten, brauchten sie Wohnungen.

Schon die Bauvorhaben des Fünfjahrplans 1971-1975 setzten deutliche Zeichen. Erstmals wurde mit durchschnittlich 56 Quadratmetern wieder eine größere Wohnfläche für Neubauten anvisiert. Die Investitionen pro Wohnung verdoppelten sich. Weiterhin stand der Bau von Dreiraumwohnungen im Mittelpunkt, aber erstmals sollten auch in Größenordnungen Vierraumwohnungen entstehen. Ab 1971 wurde der individuelle Wohnungsbau gefördert, nachdem man ihn in den 60er Jahren kleinbürgerlichen Besitzinteressen zugeschrieben hatte und die Begehr nach Eigenheimen noch durch variablere Typenwohnungen mit größerem Komfort einzudämmen suchte. Mitte der 70er Jahre begann sich allmählich auch das Verhältnis zu Abriß und Altbausanierung zu ändern.

Das Wohnungsbauprogramm bedeutete den vollständigen Übergang vom Serien- zum Massenwohnungsbau. Neue Richtlinien erhöhten die Bebauungsdichte. Zwar wurde offiziell der Anspruch auf »verbesserte Wohnqualität« nicht aufgegeben, die ökonomischen Zwänge ließen jedoch die kulturellen Konzepte der 60er Jahre immer mehr in den Hintergrund treten. Eine Anweisung von 1976 hielt »zwei Stunden Sonne am 21. Februar für mindestens einen Wohnraum jeder Wohnung für ausreichend«. Hatte sich schon 1965 die Anzahl der Wohnungstypen auf vier Grundtypen reduziert, wurde in den 70er Jahren überhaupt nur noch ein Wohnungstyp entwickelt: die Wohnungsbauserie (WBS) 70, die zum Teil an den P2 anknüpfte, aber wesentliche Elemente zurücknahm. Die »Wiedereinführung« der Küche mit Fenster und Eßplatz signalisierte, daß die Vergesellschaftung der Lebensweise nicht im einst gewünschten Maße gelungen war. 1976 wurde ein Viertel aller Wohnungen nach WBS 70-Entwürfen gebaut.

Nicht mehr vollständig haltbar waren seit den 70er Jahren die restriktiven Vorgaben für die Durchschnittswohnfläche. Das Laborieren an der Schmerzgrenze der Wohnfläche ließ für die WBS 70 Selbstverständlichkeiten in »Gebrauchswertfestlegungen« münden: »In Schlafzimmern mit 2 nebeneinander aufzustellenden Betten muß die Stell- und Bewegungsfläche für ein Kleinkinderbett ausgewiesen werden.« Oder: »Sanitärräume müssen so groß sein..., daß für die erforderlichen Ausstattungsgegenstände ... Stell- und Bewegungsfreiheit vorhanden sind.« Die größere Wohnfläche, die der Serie zugestanden wurde, kam allerdings hauptsächlich Berlin zugute, wo die WBS 70 vorrangig gebaut wurde.

Die traditionelle Bevorzugung Berlins ist daher auch zu bedenken, wenn man sich die Entwicklung der Wohnungsgrößen ansieht. Insgesamt stieg seit den 70er Jahren der Anteil von Wohnungen mit einer Fläche zwischen 51 und 70 Quadratmetern bis 1988 auf 78,2 Prozent (gegenüber 66 Prozent 1960), darunter überwogen in den 80er Jahren wiederum Wohnungen zwischen 56 und 60 Quadratmetern. Gegenüber den 60er und 70er Jahren nahm in den 80ern vor allem der Anteil der Wohnungen zwischen 41 und 50 Quadratmetern ab (1960: 22,1 Prozent, 1970: 27,8, 1980-1983: 10 und 1988: 14,3 Prozent). Zugleich sank der ohnehin immer geringe Anteil an Wohnungen über 81 Quadratmeter von 2,0 Prozent (1960) auf 0,2 Prozent (1988).

Als Mitte der 80er Jahre die »Hauptstadt« – als Vorzeigeobjekt für die Vorzüge des Sozialismus – zum konkurrenzlosen Wohnungsbauschwerpunkt wurde, erlebten nur noch Dresden und Leipzig einen nennenswerten Aufschwung im Wohnungsbau. Die ohnehin zu geringen Baukapazitäten der Bezirke wanderten nach Berlin ab. Neben der Schwerpunktserie WBS 70 erhielten die Stadtbezirke Marzahn, Hellersdorf und Hohenschönhausen auf diese Weise eine »bunte Vielfalt« von Bautypen. Mehrere P2-Varianten aus den Wohnungsbaukombinaten der Bezirke kehrten so nach Berlin zurück.

Halbherzig bis zum Schluß blieb die Hinwendung zur Altbausanierung, die erst in den 80er Jahren wirklich an Bedeutung gewann. Flächendeckender Verfall und Abriß waren zu diesem Zeitpunkt oft nicht mehr aufhaltbar, zumal das vorrangige Ziel der Partei ausdrücklich nicht gefährdet werden durfte: »Die Rekonstruktion einer alten Wohnung darf uns nicht teurer zu stehen kommen als eine Neubauwohnung. ... Unsere große Aufmerksamkeit für die Belange des Denkmalschutzes ist bekannt, aber weder ökonomisch noch kulturhistorisch läßt es sich vertreten, aus jedem alten Gebäude ein Museum zu machen.« (E. Honecker)

Das Gespräch mit einem Architekten des P2 führte Petra Gruner

Frau G. aus Berlin schenkt dem Museum etwas

Interview mit Frau G.

Frau G. Fangen wir mit dem Radio an: »*EAK Zwergsuper*«, der kommt aus Sonneberg, das war also unsere erste Anschaffung vom Stipendium beim Studium, das muß also '52 oder '53 gewesen sein. Mein Mann und ich, wir hatten beide das gleiche Gerät.

Das ist *Berolina*, damals haben wir gesagt: kleiner als nen Stück Butter. Das war das erste kleine tragbare Kofferradio. Mit Bereitschaftstasche. Das ist gewesen etwa 1970. Zumal die Batterien damals, die Westbatterien, Stück 12 Mark gekostet haben.

So, das ist ein *Toaster*, der ist also deswegen nicht mehr zu gebrauchen, weil er hier diesen Anschluß hat, der nicht mehr geht. Wir haben den benützt durchaus, aber eines Tages war dann Schluß, nicht. Steckt auch noch die Garantieurkunde drin, dann kann man sogar sehen, von wann der ist. '62.

Das *Wärmekissen* ist total unbenutzt. Das war nämlich sofort, als ichs gekauft hatte, so links rum mit dem Stecker. Ich hab immer gedacht, ich krieg mal nen neuen montiert aber... Vielleicht liegt da auch noch 'ne Garantieurkunde drin. Müßte vielleicht so Mitte der 60er Jahre gewesen sein. Wir sind dann hierher gezogen, und hier waren andere Steckdosen in der Wohnung, und das klappte dann schon nicht mehr so richtig.

Bügeleisen. Alles mit Verpackung, allerdings kaputt. Aber von wann das allerdings ist, das weiß ich nicht mehr. Das könnte schon auch noch 70er Jahre sein. Gebrauchsgegenstände, das hab ich mir nicht so gemerkt.

Das ist ne Spezialität: *Kleinstaubsauger mit Polierbürste*. Der ist auch sehr benützt, den hat mein Mann sehr ramponiert. Den hatte ich wohl schon in Dresden, also Anfang bis Mitte der 60er Jahre gekauft.

So, jetzt kommt das Riesengerät hier. Weiß nicht, ob Sie das auch auch gebrauchen können. Das ist also...
Frage 'ne Mikrowelle?
Frau G. Nee, das ist ein ganz simples *Grillgerät* ohne Motor, d.h., wenn Sie den Spieß benützt haben, dann mußten Sie den drehen, bis die Gans fertig war. Ging aber bloß mit Hähnchen. Aber es war wirklich lästig, und das hat mich dann auch bewegt, das Ding nicht mehr zu benutzen. Wie gesagt, es war mir dann zu un-

Museumsvitrine
geschenkte Haushaltsgeräte

bequem, man konnte da gar nicht weggehen, nicht? Immer drehen, immer drehen, und das hat mich dann immer aufgeregt. Drei, vier Jahre habe ich es schon verwendet, und dann, wie gesagt, das ewige Leiern. Das Ding ist ja auch schwer. Vor allen Dingen kann man nicht das Huhn braten und gleichzeitig rühren, sonst brannte das sofort an. Sagen wir mal so, es war eine DDR-Neuerung zur Belastung der Hausfrau.
Herr G. Ich hätts mir nie gekauft.
Frau G. Ja, das merkt man immer erst, wenn mans hat.

Haben Sie Interesse an dem *Schnellkochtopf*? Auch DDR. Auch schwer. Das ist also im Prinzip nicht schlecht gewesen, daß der emailliert war. Nur mit der Zeit ist er eben schwarz geworden. Hier ist die Glocke, die dann auf dem Deckel anfängt zu scheppern, wenns kocht. Die klappert denn nun – Nervensäge.

Dann haben wir hier ne ganz große Spezialität: Ein *sowjetischer Langhaarschneider*, der also nur mit ziepen und, na, abreißen will ich mal sagen, gegangen ist. Das Ding war wirklich ne echte Quälerei. Ich wollte mir nämlich mal die Haare selber ausrasieren, und da hatte ich mir den gekauft.

Das ist also auch so ein Ding, das ist allerdings wirklich Ende der 50er, Anfang der 60er Jahre: alles drin, auf Gas zu stellen und zum Backen: unten ist die Napfkuchenform; und das ist nun eher zum Kochen. Ich würde mal so sagen: Es gibt das Ding jetzt bei solchen Gewinnspielen in modernerer Ausführung in Westdeutschland. Ich habs auch nicht mehr gebrauchen können. So Neuerungen, die dann rausgekommen sind, und dann hat man gemerkt, es geht auch mit nur einem Kochtopf.

Da haben wir noch den das *Rühr- und Mixgerät*, das RG 5! Das steht aber alles hier drin, das ist das Zusatzgerät, da ist der eigentliche Mixer mit drin, hier ist der Deckel dazu, das ist hier die Reibe. Die Besonderheit an dem Ding ist ausdrücklich, daß man das nach fünf Minuten ausschalten muß und 20 Minuten warten, bis der Motor wieder ausgekühlt ist. Wenn Sie also nen Kuchenteig rühren und wollen, sagen wir mal, nen Marmorkuchen machen, wo sie zwei verschiedene Sorten rühren müssen, da funktioniert das nicht. Inzwischen ist Ihnen der andere hochgegangen, zusammengefallen. Also, das ist sogar mal im »Eulenspiegel« mächtig durch den Kakao gezogen worden. Da habe ich mich von vornherein zurückgehalten, hab ich gesagt: nee, so was kauf ich nicht, bloß hier, das war an sich ein ganz handliches Gerät, und man konnte natürlich Sahne damit schlagen und Eischnee, bloß mit dem Kuchenbacken mit zwei unterschiedlichen Teigsorten, da gings nur so.

Nun kommen wir hier noch zu, ach ja, dies ist ja auch noch sowas Schönes, ein ungeheuer schwerer *bulgarischer Entsafter*. Der hat auch die Besonderheit, daß er also, na sagen wir mal, kein Abfallteil hat, der hat da nur so ein Band eingelegt, in so einem schmalen Gang, rundum, und wenn das also voll Johannisbeerkörner ist, dann ist es vorbei, dann fangen sie an, dieses Band, was lochgestanzt ist, also nicht geglättet, dann von den Resten zu befreien. Das ist aber schon hier in Berlin gekauft, Anfang der 70er Jahre. Es gab ja keinen anderen, das war der einzige, der hier im Handel war.

Wir haben noch nen alten *Junost*, ein russisches Fernsehgerät, so ein Kofferfernseher. Das war der einzige Kofferempfänger, den es 1974 in der DDR gab.

Frau G. aus Berlin bot dem Museum verschiedene Gegenstände aus ihrem Haushalt an, weil die Wohnung modernisiert wird und sie vom Museum in der Zeitung gelesen hat. Zu schade zum Wegschmeißen seien die Dinge. Es folgt die Abholung in einem »Neubauviertel« im Osten Berlins, im Prenzlauer Berg nahe der Grenze zum Friedrichshain.

Bei der Abholung lief der Kassettenrecorder mit. Frau G. schien überrascht, daß ihre Idee solche Folgen haben könnte. Sie ließ das Interview einerseits amüsiert über sich ergehen, sprach etwas flapsig von den ihren Alltag umgebenden Dingen, die ja alle angeblich nicht viel wert gewesen seien, weil ständig kaputt, funktionsuntüchtig, und überhaupt nötigten ihr die Widrigkeiten des alltäglichen Lebens in der DDR kleine Nebenbemerkungen ab, die innere Distanz oder Souveränität gegenüber dem Vergangenen belegen sollten.

Andererseits hatte Frau G. eine ganze Reihe von Gegenständen, vornehmlich Haushaltsgeräte, dennoch aufgehoben. Aus ihren Äußerungen konnte man schließen, daß sie diese nie wieder anrühren würde, aber in Keller und Hängeboden fristeten sie ihr Dasein, teilweise im Originalkarton und mit Gebrauchsanleitung inklusive Kaufquittung. Die Dinge mußten also eine gewisse Bedeutung gehabt haben, eine größere, als zugegeben. Doch welche?Frau G. erinnert sich daran, wann Gegenstände gekauft wurden; nicht bei allen (»Haushaltsgegenstände haben mich nicht so interessiert«), doch bei einigen. Die beiden Radios scheinen im Leben der Familie G. eine Bedeutung gehabt zu haben: das Studentenradio, das ihr Mann sich ebenfalls gekauft hatte und das bei einer Dienstreise nach Rügen »abhanden« kam; das Kofferradio, zu dessen Kauf kein Anlaß mitgeteilt wurde, aber immerhin eine Art Werbespruch überliefert wird: »kleiner, als nen Stück Butter«. Auch der Kauf des tragbaren Fernsehers löst Erinnerungen aus: Es sei der erste in der damaligen DDR verfügbare gewesen. Die Kaufmotivation wird deutlich: Man wollte an der Spitze der Zeit stehen. Außerdem ist da noch das Gartengrundstück, es könnte eine Erklärung für die Anschaffung tragbarer, auch im Garten nutzbarer Geräte liefern: Wozu bräuchte man sonst einen Entsafter, wo doch Frau G. nicht unbedingt mit der Hausarbeit verschwägert ist.

Überhaupt die technischen Dinge des Haushalts: Entsafter, Rührgerät, Grill, Kuchenform, alle Gerätschaften erliegen der fröhlichen Anarchie der Katastrophe, so als wollte Frau G. die volkseigene Produktion in der Hoffnung auf bessere Zeiten erklären und als sei der Interviewende jemand, der mit den Tücken des Lebens ebenso zurechtkommen muß wie die Schenkende.

Nun ist Frau G. durchaus der gehobenen Mittelschicht in der DDR zuzuordnen: Sie ist qualifiziert ausgebildet, die Familie hält eine Reihe von Zeitschriften der Berufsgruppe, der sie und ihr Mann angehören. Die Schenkung von Gerätschaften aus dem gemeinsamen Haushalt verrät nicht nur Sachkenntnis, was ein Museum interessieren könnte, sondern auch die Überreste eines langjährigen, situierten Haushalts in »der Hauptstadt«. Die Anschaffung eines Radios in der Studentenzeit bezeugt die Setzung von Prioritäten ebenso, wie die nachfolgenden Käufe auf einen Überschuß im Haushaltsbudget hinweisen: Unbedingt notwendig waren die meisten der Gegenstände nicht. Ob es sich um Statussymbole handelt, soll der Selbstprüfung überlassen bleiben, denn über die Nutzung der Dinge sagt Frau G. wenig aus: Weder das Kofferradio noch der Entsafter vermögen Auskunft über die Lebensgestaltung der Familie zu geben, wenn Frau G. sich dazu nicht äußern möchte. Wir sind auf Indizien angewiesen. Möglicherweise aber deutet die ironische Distanz des Interviews auch darauf hin, daß die Interviewpartnerin die Dinge durchaus als Statussymbole auffaßt, deren Bedeutung nun, in den veränderten Zeiten, in Zweifel steht und Unsicherheit auslöst.

Herr G. scheint in der Situation von Abholung und Gespräch bemerkenswert ruhig. Die Sache ist eine Anglegenheit seiner Frau, ebenso wie, so scheint es, der Kauf der meisten Dinge. Das Radio hat ihn interessiert, denn er hat sich das gleiche als Student auch gekauft. Das Grillgerät allerdings hält er für schlichtweg überflüssig: »Ich hätts mir nicht gekauft.« Der tragbare Staubsauger allerdings, von Frau G. als ramponiert bezeichnet, ist seine Sache: Er wurde zur Reinigung des Autos benötigt und, wie es scheint, nicht nur gelegentlich benutzt.

Herr G. sitzt während der Übergabe die meiste Zeit in seinem Sessel, und erst gegen Ende des Gesprächs gibt er zu verstehen, daß er der Idee einer Übergabe von überflüssigem Haushaltsballast sympathisierend gegenübersteht. Sein Beitrag sind die Zeitschriften: Die gemeinsam gehaltene Fachzeitschrift, Autozeitschriften und Verstreutes sind bereits gebündelt und liegen zur Abholung bereit. Als Interesse signalisiert wird, kommt es zu einem zweiten Termin, bei dem die im Keller lagernden, sorgsam verpackten Zeitschriftenbündel den Besitzer wechseln.

Daß auch Geräte und Gegenstände, die kaputt, aber prinzipiell reparaturfähig sind, aufbewahrt wurden, gehört ebenso zu den typischen Beobachtungen bei Abholungen von Museumsgut aus Haushalten der früheren DDR wie die Aufbewahrung von Verpackungen und Betriebsanleitungen. Ist es der teilweise hohe materielle Wert der Dinge, die ja meist langlebige Konsumgüter waren, sind es die Schwierigkeiten bei der Beschaffung, die jedem Gegenstand eine höhere Bedeutung verleihen, oder ist es das prinzipielle »Man weiß ja nie...« der unberechenbaren Teilmangelgesellschaft, das den Objekten ein Weiterleben in Kellern und Dachböden verschafft, wenn sie bereits längst aus dem familiären Gebrauch verbannt sind? Die Situation der Übergabe hat beim Museumsmenschen – und das Zusammentreffen mit Frau G. war kein Einzelfall – ein Gefühl vermittelt, als befinde man sich in hoffnungslos überfüllten Lebensräumen. Offensichtlich war die Wohnraumversorgung dem Angebot von Haushaltsgegenständen nicht angepaßt.

Bei Gelegenheit der Abholung wird das, wie uns scheint, übliche Prüfverfahren absolviert: Was interessiert den Interviewer, wie reagiert er auf die Gegenstände, was ist er für ein Mensch? Im Ergebnis werden die zu übergebenden Werte hervorgeholt: hochwertige Konsumgüter, Zeitschriften, darunter einige Hefte »Kultur im Heim«. Es ist für den Nichteingeweihten schwer, aus diesen Rahmenbedingungen auf den kulturellen, sozialen und politischen Hintergrund der Schenkenden Rückschlüsse zu ziehen. Zu eingeschränkt erscheint das frühere Warenangebot, zu wenig differenziert die Auswahl derjenigen Gegenstände, anhand derer sich eine Einordnung ablesen ließe. Welches sind die Zeichen von Distinktion?

Andreas Ludwig

Mocca Fix Melange
und Thermoskannen

Reiserasierapparate

Fluchten – Wege, die DDR zu verlassen
Interview Hans und Ingrid

Er Wir haben mittendrin, im Zentrum von Berlin gewohnt, in der Bergstraße – Gartenstraße, Ackerstraße, Invalidenstraße, Wilhelm-Pieck-Straße – eine wunderbare Gegend, aber nicht mit Kind.

Wir sind ja vor '89 aus Berlin rausgegangen, und da hatte Ingrid ja eine freiberufliche Tätigkeit und Aufträge und alles. Ich hatte aufgehört zu arbeiten, habe einfach gekündigt, und bin hier zu Hause gewesen. Sie hat ihre Aufträge gemacht und ich habe diese, wie man früher sagte, Assi-Versicherung abgeschlossen, 10 Mark, warst Du krankenkostenversichert, hast keine Rentenansprüche gehabt, aber das spielte zu Ostzeiten ja keine große Rolle, ob Du nun 430 Mark kriegtest oder 520 Mark, das war nicht das Entscheidende. Entscheidend ist, daß Du im Augenblick die Zeit und die Möglichkeit hattest, Dich um die Familie zu kümmern. Ingrid hat die Aufträge gemacht und ich bin zu Hause geblieben und habe mich um die Kinder gekümmert. Die Große ging ja dann zur Schule, und die Kleine habe ich zum Kindergarten gebracht und nachmittags abgeholt. Bin um zwei Uhr zum Bus gegangen, hab die Große dann wieder abgeholt, daß sie dann zu Hause ihre Schularbeiten machen konnte, unter Aufsicht – in Anführungsstrichen. Daß jemand da war.

Also, das haben wir schon vorher, in Berlin, betrieben, daß wir die Kinder nicht einfach irgendwo abgeben haben. In den Kindertagesstätten, das war ja damals fast wie eine, na, geschlossene Anstalt kann man nicht sagen, aber die mußten zu einer bestimmten Zeit gebracht und durften erst zu einer bestimmten Zeit abgeholt werden. Und als Entschuldigung galt nur Krankheit, Urlaub und Haushaltstage, oder weiß ich was. Wir haben sie dann bei einer privaten Pflegemutter untergebracht, das hat viel Geld gekostet. Wir haben pro Kind 250 Mark bezahlt, nur, um sie bringen zu können, wann wir wollen. Da ich öfter also die Möglichkeit hatte, später zu gehen, früher zu kommen, meine Arbeitszeit so ein bißchen einzuteilen, Ingrid auch immer so unregelmäßige Arbeitszeiten hatte, daß man sagen konnte: es gleicht sich immer aus. Die Kinder sind nie vor dem Aufwachen aus dem Bett gerissen worden. Das war ganz, ganz selten, im Jahr vielleicht drei oder viermal. Und das wollten wir einfach so fortsetzen.

Wir waren von Anfang an zielstrebig, haben so was gesucht wie hier. Wir waren uns auch dessen bewußt, was da passieren würde. Daß wir uns um die Kinder kümmern müssen, sie zur Schule bringen müssen und so weiter. Und das hätte also ganz gut funktioniert, wenn es weiter so gegangen wäre. Sie hatte ihre

Aufträge, aber mit der Wende ging es dann so, sie hatte keine Aufträge mehr, ihre freiberufliche Tätigkeit ging denn nicht mehr so richtig. Auf einmal gings wie im Westen: Knete, Knete. Die Probleme hatten wir früher nie.

Sie Na, weil das, was unbedingt zu bestreiten war, Strom und Heizmaterial, die Versicherung, und dann natürlich die Lebensmittel, was ja wirklich lebensnotwendig ist, das war dazumal ja immer sehr sehr billig und günstig. Also brauchte man gar nicht viel Geld um das alles bestreiten zu können. Aber dann auf einmal waren das ja ganz andere Summen. Es kam hinzu, daß, wie gesagt, die Auftragslage einfach schwand, also, war dann gar nichts mehr. In der DDR war alles zusammengebrochen. Die Betriebe, die übers RGW mal ausländische Partner da hatten, wo ein Dolmetscher gebraucht wurde, die hatten alle Existenzsorgen, und das RGW das löste sich auf. In meinem speziellen Fall kam noch hinzu, daß dort auch die Revolution war und die wirtschaftliche Lage nicht die beste. 1990 hatte ich immer noch so ein paar Sachen, die waren auch schon lange vorher geplant und bekannt gegeben, hauptsächlich bei Robotron Technikerschulungen. Und die Leute erzählten mir dann: na, wenn die Währungsunion kommt und wir dann in Westgeld bezahlen müssen, dann überlegen wir uns schon, ob wir nicht zu irgendeiner amerikanischen Firma gehen, anstatt die Robotron-Maschinen mit Dollar zu bezahlen. Da kam erschwerend hinzu, daß dort die Lage umkippte, und es war abzusehen, es gibt nichts mehr zu tun. Dolmetscher waren unter den ersten, die entlassen wurden, auch in Berlin.

Er Wir sind aber schon damals davon ausgegangen, daß wir mit geringeren oder mit den geringsten Mitteln auskommen, wenn wir uns hier aufs Land zurückziehen und uns einschränken. Das war für uns kein Problem.

Sie An sich mußte man sich nicht mal einschränken, es hat für alles gereicht.

Er Ich denke hinterher, in der heutigen Situation, muß man einfach mal klarmachen, warum man das eigentlich so wollte. Es war keine große Einschränkung, daß wir uns gesagt haben, wir leben hier und versuchen hier das möglichste. Im Mittelpunkt standen eigentlich die Kinder. Die sollen es, also nicht: mal besser haben, wie man früher gesagt hat, aber die sollten in einer vernünftigen Umgebung groß werden und ohne Streß aufwachsen. Und damals war ja in Berlin auch schon so ein Streß in den Schulen, das war in den Großstadtschulen, daß die Kinder sich untereinander so schon drangsaliert haben und damals war ja immer noch diese Ost-West-Geschichte: der eine hatte ne Oma und der andere hatte keine und die eine hatte ne Westmappe und die andere nicht, ist also auch ein gewisser Streß.

Wir haben einfach vorausgesetzt, daß die Situation so bleibt wie sie ist, und Ingrid ihr Geld verdient als Freiberufliche, daß sie eine unregelmäßige Arbeitszeit hat, mal eine Woche in Leipzig, mal eine Woche in Berlin, mal eine Woche im

Ausland, und daß also auch jemand zu Hause ist, der sich um die Kinder kümmert. Ich hab dann einfach aufgehört bei der Firma, in der ich 25 Jahre lang gearbeitet habe. Es hat ja gereicht und war auch eine angenehme Sache. Ich habe mich hier ums Haus gekümmert, es war ja noch genug zu tun. Und hab dann also auch, wenn sie weg war, die Obhut oder die Pflege der Kinder übernommen. Und es war immer jemand da, der die Kinder auch betreuen konnte. Die konnten, wie gesagt, morgens immer ausschlafen, sind nachmittags dann nach Haus gekommen und haben ihre Schularbeiten gemacht.

Wir sind ja nicht einfach ohne irgendwelche Konzepte hierhergekommen. Ich habe mich schon jahrelang oder jahrzehntelang damit beschäftigt, raus aus der Stadt und aufs Land zu ziehen und und habe eigentlich bloß die richtige Partnerin gesucht, mit der man sowas machen kann.

Diese allgemeine große Bewegung war raus aufs Land, 1972 oder 1973, die sind ja alle nach drei oder vier Jahren spätestens wieder zurückgekommen, haben gesagt, also durch den Kopf geht das nicht. Wir haben uns lange damit befaßt und haben auch viele Freunde einbezogen in unseren Denkprozeß. Die haben gesagt, ihr seid verrückt. Aber es kamen immer die Fragen: warum lebt ihr in der Stadt, warum sollen wir eigentlich nicht da auf dem Land leben. Und dann kamen diese üblichen Antworten wie Theater und Kino. Im Prinzip stellte sich heraus, daß man, wenn man hier draußen wohnt und den Kontakt aufrecht erhalten will, eben nur weitere Wege hat. Eine kulturelle Betätigung ist hier auf dem Land genausogut möglich. Gerade hier in der Gegend haben sich unerhört viele Leute angesiedelt, die sich einem hohen kulturellen Anspruch stellen, und mit denen kann man sich immer wieder unterhalten und immer wieder gute Kontakte finden. Wir habens bisher noch nicht bereut.

Die Welle war schon abgeebbt und die Leute alle wieder in die Stadt zurückgekommen. Und die Leute, die wir jetzt kennengelernt haben, sind zur gleichen Zeit hierhergekommen wie wir, aus unterschiedlichen Motiven. Und die haben wir hier auch alle erst wieder kennengelernt. Von dieser komischen Provinz noch nie was gehört, und als wir hergezogen sind, da haben wir also auch erstmal festgestellt, das das eine wunderschöne Landschaft ist und da sind auch viele andere Leute hergezogen und die gleiche Einstellung haben: weit weg, Ruhe zu haben, aber nicht so weit weg, daß sie nun gar keine Kontakte mehr haben, da hätten sie auch in die Sahara ziehen können, aber so, daß immer eine gewisse Distanz vorhanden ist, daß man sich also nicht auf die Nerven geht, tagtäglich in so einem Mietshaus. Ich habe ja fast vierzig Jahre in der Stadt gewohnt, mitten im Zentrum. Da hat gereicht.

Ich habe auch gemerkt in meiner Tätigkeit als Bürgermeister, daß mit solchen Leuten ein viel besseres Zusammenarbeiten stattfinden kann, als mit Leuten, die hier geboren sind, beziehungsweise die hier ständig gewohnt und gelebt haben. Denn die Leute, die von weiter herkamen, die Erfahrung habe ich jedenfalls gemacht, die sind auf Erhalt ihrer Häuser, sie in dem Zustand zu belassen, wie sie sind, bzw. sie wieder so aufzubauen, interessiert. Wir haben eine Dorfgestaltungskonzeption erstellen lassen, haben gesagt, wir machen wieder eine Pflasterstraße hier rein. Die Zugereisten haben immer gesagt, das finden wir gut. Die Dörfler fanden das nie gut, die hatten ihre DIN-Straße, 6 Meter 50 breit mit doppelseitigem Hochbord gut gefunden. Das ist also der Konflikt der Großstadt zum Dorf hin. Da dachte man, die Städter kommen hier her und reißen alles ein, aber die haben mehr Gefühl für die Dinge gehabt, die haben also angefangen Bäume zu pflanzen, die Straße wieder in Ordnung zu bringen, und das war mit denen eigentlich ein gutes Zusammenarbeiten. Aber sagen wir mal, Cliquenwirtschaft entsteht automatisch, wenn man in die Ecke gedrängt wird. Man kommt ja aus der Stadt, ach, das sind auch Berliner, die spinnen sowieso.

Wir hatten jahrelang diskutiert, und viele Leute, die haben sich einfach gesagt, wir ziehen jetzt aufs Land. Da haben wir gesagt, ihr seid verrückt. Da waren Leute aus meinem Freundeskreis, Bekanntenkreis, die gesagt haben, ich komme aus einem Dorf und ich will nicht wieder aufs Dorf ziehen. Für die war die Großstadt also das Größte, das Ziel selbst war diese Hauptstadt der Deutschen Demokratischen Republik.

Sie Ich denke mal, daß wir schon gedacht haben, wenn wir da ein bißchen weiter weg vom Schuß sind, dann ist alles ein bißchen lockerer, diese Reglementierungen, die Allgegenwart der Polizei. Flucht hört sich so viel an, aber wir haben schon gedacht haben, da sind wir ein bißchen abseits und es guckt nicht gleich jeder, was wir so veranstalten.

Er Flucht hört sich immer nach politischer Flucht an, und die haben wir eigentlich nicht gehabt. Wir haben das erst bemerkt, als wir hierher kamen, daß wir beobachtet wurden. Als wir als Außenstehende hierher kamen, das Haus gekauft haben. Ich hab das hinterher erfahren, daß Leute da waren um sich zu erkundigen. In Berlin, da war ich mir dessen bewußt, ich habe in einem Betrieb gearbeitet, wo ich wußte, ich werde beobachtet. Da hat mich das also nicht gestört.

Sie Also ich denke, Absetzbewegung, das ist schon nicht schlecht, das Wort. Irgendwie denke ich schon, daß man ein bißchen von was wegwollte.

Er Ich habe hinterher erfahren, daß sich die Stasi laufend erkundigt hat über uns. Daß selbst die Leute aus dem Dorf beobachtet haben, wo fährt das Westauto hin, zu denen oder zu uns. Das habe ich mir einfach nicht vorstellen können. Das habe ich einfach nicht begreifen wollen. Ich dachte ja nicht, daß die Kralle da also so weit reicht. Ich wollte einfach bloß raus aus diesem Einflußbereich.

Wir haben nichts offengelassen. Wir haben in der Stadt unsere Kinder in den kirchlichen Kindergarten gebracht und das wird ja auch keinem verborgen geblieben sein, also den Leuten, die sich dafür interessiert haben. Wir haben uns auch ständig darüber geäußert. Wir haben auch immer eine Möglichkeit gesehen, mit den Leuten, die eventuell da was aussetzen könnten, in Kontakt zu bleiben. Aber der Dialog blieb einfach immer aus. Man hat immer gedacht, ich mache jetzt irgendwas und sich gefragt, was glauben die Genossen jetzt davon. In dem Druck war man eigentlich immer, und man erwartete eigentlich den Gegendruck, warum machst Du das und das. Wenn ich in die Kirche gegangen bin zum Gottesdienst, und mich hat jemand gesehen, hätte ich also eine Reaktion erwartet. Und so hat das jeder DDR-Bürger, der hat auf jede seiner Handlungen eigentlich eine Reaktion erwartet, von oben. Und die kam nicht. Ich hatte einen Kollegen, der die Ausreise beantragt hat, in der gleichen Zeit, in der wir uns hier draußen etabliert haben. Ich habe mit ihm gesprochen, was er damit persönlich verbindet, ob er seine größere Freiheit da drüben sieht. Er sagte, er müßte hier weg und auch diese Situation, der er sich anders vielleicht einfach nicht entziehen konnte. Er sagte, ich will da und da hin, so wie wir das gemacht haben. Er mußte eben da durch und hat auch alle Verfahren ordnungsgemäß durchgezogen, hat einen Haufen Theater gehabt. Ich finds schon gut, daß er das durchgesetzt hat, daß er gesagt hat, ich will das, ich mach das. Also, ich habs auf meine Art gemacht, gesagt, ich will das.

Und daß wir nun gerade aus Berlin weggegangen sind, als es so gärte: ich denke mal, weil wir das eben schon Jahre im Voraus ins Auge gefaßt haben. Wenn unsere Tochter in die Schule kommt, das ist erster September 1989, das war ja immer derselbe Tag der Einschulung, dann wollen wir da draußen wohnen, dann sind wir da.

'89, ja klar, das war schon spannend, auch dann die Bildung des Neuen Forums. Also ich weiß noch, im Oktober '89, da haben wir hier draußen wieder unser Fest gehabt und es waren denn auch viele Freunde gekommen. Eine Freundin war ganz aufgeregt, die hatte die »Junge Welt« mit hier, in der damals schon einige ganz kecke Töne zu lesen waren. Das war was unheimlich aufregendes, weil ja sonst immer in allen Zeitungen das Gleiche stand. Da dachte ich dann schon, muß ganz schön was los sein, da. Die Gemeindeschwester kam mal zu uns und forderte uns auf, wollt ihr da mitkommen, da gabs eben auch hier ein Zusammentreffen, wo hier aus der Gegend Neues Forum gebildet werden sollte, das war ne Versammlung von denen, also so ganz abseits waren wir hier auch nicht. Aber daß wir nun gerade, wo es in Berlin besonders brodelte, hergingen, ich denke, das hing eben mit dem schon lange vorher gesteckten Ziel zusammen.

Er Für mich war das sowieso klar, daß ich in der Stadt nicht mein Lebensende finden werde, sondern daß ich raus muß. Ich hab damals schon eine Partnerin gehabt, mit der ich so was schon mal beredete. Habe dann auch immer weitergesucht, nicht so richtig intensiv, wie das immer so ist, wenn man keinen hat, der mitmacht. Und mit Ingrid haben wir dann wieder intensiver was unternommen.

Sie Und irgendwann haben wir um ein paar Ecken, also eine Bekannte hat ne Bekannte getroffen und die wußte, daß wir was suchen. Und die andere Bekannte erzählte, daß ein alter Hof, der bald zusammenfällt, frei wird. Da sind zwar noch zwei alte Frauen drin aber die müssen da raus, weils baufällig ist. Da sind wir dann im Sommer 1983 das erste mal hergefahren.

Nach der Wende, da war ich ja doch hin und wieder in Berlin, mehrere Male zu Dolmetscheinsätzen, aber das war dann die Zeit vor der Währungsunion, und das war sehr unangenehm, diese Hektik, diese Agressivität auf einmal unter den Menschen, dieser Ausverkauf der DDR, habe ich immer gesagt. Alles für Pfennige rausgeschmissen aus den Geschäften, Sachen, nach denen man sonst rennen mußte. Und dann dieser Run, alles fuhr nach Westberlin, um irgendwelche Westseife zu kaufen. Da waren wir sehr froh, daß wir da nicht mehr in diesem Hexenkessel waren.

Als dann 1990 abzusehen war, daß das so, wie wirs uns eigentlich ausgemalt hatten, gar nicht funktionieren würde durch diese veränderte Situation, daß ich also gar keine Aufträge mehr habe und unsere Lebensgrundlage nicht gesichert sein kann, also das war schon ein Moment, wo ich eigentlich dachte, na, jetzt haben wir uns schön angeschmiert. Also um als Dolmetscher irgendwas zu machen, war ich in dieser Situation zu weit ab vom Schuß. Da habe ich schon Panik gekriegt, denn von irgendwas mußte man doch leben. Alles wurde teurer, mit Ende des Jahres '90 war auf einmal SVK-Versicherung beendet. Tja, was macht man mit Sprache hier in der Provinz? Ich habe rumgehört, dachte, wenn ja auch Asylbewerber auf die neuen Länder verteilt werden, vielleicht gibts ja auch da was zu tun und hörte von dieser Ausschreibung im Nachbarkreis, sogar Übersetzer/Dolmetscher war gesucht. Also das war ja eigentlich ein Glücksfall, bloß daß die mich dann eben doch nicht nur der Sprache wegen eingestellt haben. Es war ein Zeitmitarbeitsvertrag, also ein von vornherein zeitlich beschränkter Arbeitsvertrag und das ist jetzt Ende 1994 abgelaufen. Da war ich froh und dachte, damit ist das hier erledigt, gehe ich erstmal als Arbeitslose zum Arbeitsamt und hab mir also fest vorgenommen, daß ich mehr wieder mit Sprache zu tun habe, daß ich also meine freiberufliche Existenz wieder aufbaue, das heißt eben jetzt, ganz von vorne Kontakte herstellen, und irgendwelche möglichen Auftraggeber ansprechen. Die 3 3/4 Jahre, die ich da zwischendurch als Verwaltungsangestellte gearbeitet habe, sind für meine sprachliche Laufbahn nun verloren.

Er Ich hab zu der Zeit, als ich noch Bürgermeister war, war ja gerade kurz nach der Wende, den Leuten versucht zu sagen, bleibt doch hier. Besinnt euch doch mal auf das, was ihr könnt. Ihr könnt Ackerbau, Viehzucht, Kartoffeln, Wiese, Land, Schweine füttern, Hühner. Wir finden einen Weg und ich besorge euch Leute, die bei euch hier pro Woche soundso viel Eier abnehmen, die sich bei euch ein Schwein großfüttern lassen und sagen, ist gut, ich komme jedes Wochende mal meine Jolante streicheln. Und sagen am Jahresende, wenn das Schwein fettgefüttert ist, ich will davon Schinken haben, Wurst haben. Das war für die Leute alles nicht möglich. Die dachten da auf einmal, wir sind nicht mehr der Paslack hier, wir müssen für keinen mehr dastehen, wir können jetzt ausschlafen und so. Sie haben nicht begriffen, daß sie nichts anderes können als das. Ist ja keine große Schande, ist ja eher ihr Brot. Habe ich ihnen auch immer wieder gesagt, ihr seid als Bauern, wie hießen sie, Agrotechniker, große Klasse. Bleibt da, besinnt euch darauf, was ihr könnt, und daraus können wir irgendwas machen. Nein, sie haben die Nase voll von Schweinen. Damals haben sie jeder fünf oder sechs Schweine gefüttert. War ein Haufen Geld, haben sie abgeliefert, war alles subventioniert. Auf einmal brach alles zusammen, sie kriegten für das Schwein nichts mehr, konnten das Futter nicht mehr aus der LPG besorgen. Das waren viele Dinge, die ineinander griffen. Sie waren nicht bereit etwas zu machen, haben gesagt, jetzt haben wir lange genug für die LPG gedient, kommt nicht mehr in Frage. Die haben riesengroße Ställe, riesengroße Scheunen, die alle leer sind. Ich habe immer gesagt, ich besorg euch Leute, die hier ihr Pferd unterstellen. Fremde Leute kommen hier nicht auf den Hof, also so ne ganz eigenartige Haltung. Die hatten auch riesengroße Häuser, die sie ausgebaut haben, oben eine Dachwohnungen drin. Hab ich gesagt, ich besorge euch Leute, die einfach mal hier her kommen wollen, und denen stellt ihr morgens ein bißchen Frühstück auf die Treppe, ein paar Brötchen, Kaffee. Ich bin hier nicht der Paslack für andere Leute. Da kannst Du einfach nur zugucken und sagen, na, macht doch was ihr wollt. Ich wußte einfach nicht, was ich machen sollte. Ist schon ne eigenartige Situation hier.

Das Interview führte Andreas Ludwig

Im FDJ-Bewerberkollektiv

Bekenntnis und Tat
Die Verteidigung des sozialistischen Vaterlandes und der sozialistischen Staatengemeinschaft ist Recht und Ehrenpflicht aller Jugendlichen.
(Jugendgesetz der DDR)
Den militärischen Schutz des Sozialismus als Lebensaufgabe zu wählen, ist eine gute und nützliche Entscheidung. Sie liegt im persönlichen Interesse jedes jungen Menschen und dient unserer sozialistischen Gesellschaft.
Wer sich für einen militärischen Beruf entscheidet, soll sich frühzeitig und gründlich darauf vorbereiten. Dazu gehören die Aneignung militärpolitischer Kenntnisse, der Erwerb vormilitärischer Fertigkeiten, die Erhöhung der physischen Leistungsfähigkeit genauso, wie das Kennenlernen der Tätigkeit eines Offiziers oder Berufsunteroffiziers. Diese Möglichkeiten bietet jedem Bewerber die aktive Mitarbeit in einem FDJ-Bewerberkollektiv.

Ab heute bin ich Mitglied
Ein feierlicher Augenblick: Vertreter der FDJ-Kreisleitung und des Wehrkreiskommandos der NVA beglückwünschen junge Bewerber zu ihrer Aufnahme in das FDJ-Bewerberkollektiv. Damit beginnt für die Bewerber der Weg zum Offizier oder Berufsunteroffizier, zu einem verantwortungsvollen, interessanten und schönen Beruf.

Nutzbringend, vielseitig und interessant
Über einen Zeitraum von 3 bis 4 Jahren bereiten sich die jungen Bewerber in vielfältiger Weise in den FDJ-Bewerberkollektiven auf den militärischen Beruf vor.
In den einzelnen Betreuungsjahren wird folgenden Aufgaben besondere Aufmerksamkeit gewidmet:
1. Jahr
Durchführung einer lebendigen militärpolitischen, wehrsportlichen und geistig-kulturellen Bildungsarbeit;
Erwerb erster Kenntnisse über die NVA;
Lesen militärischer Memoiren-, Tatsachen- oder Dokumentarliteratur;
Mitarbeit in Hans-Beimler-Stäben.
2. Jahr
Vertrautwerden mit den revolutionären militärischen Traditionen der NVA und den Leistungen der sozialistischen Waffenbrüder;
Vorbereitung der Bewerber für die Eignungsprüfung;

Aktive Teilnahme aller Bewerber an der vormilitärischen Grund- und Laufbahnausbildung der GST.
3. Jahr
Erweiterung der Kenntnisse über den militärischen Klassenauftrag sowie über den aktiven Wehrdienst;
Besuche von Truppenteilen und Lehreinrichtungen;
Studium des Handbuches Militärisches Grundwissen;
Übernahme von Gruppenführer- und Zugführerfunktionen in der GST.
4. Jahr
Zielgerichtete Vorbereitung auf den Beginn der Heranbildung an einer militärischen Lehreinrichtung;
Sachkundige Klärung von Fragen der Entwicklung der NVA und der Grenztruppen der DDR sowie des militärischen Dienstes;
Lesen der Wochenzeitung »Volksarmee«

Auf jede Frage eine Antwort
In Gesprächsrunden verschiedener Art finden sich die jungen Bewerber mit Angehörigen der NVA und der Sowjetarmee, Funktionären der FDJ und der GST sowie gedienten Reservisten zusammen. In zwangloser Diskussion werden interessante militärpolitische Probleme geklärt und Fragen zum militärischen Beruf beantwortet.

Im Einvernehmen mit den Eltern
Eine bewährte Form der Tätigkeit der Bewerberkollektive sind Zusammenkünfte mit den Eltern und auch Freundinnen oder Bräuten der Bewerber sowie den Betreuern und Paten. Hier werden alle interessierenden Fragen zur Berufswahl und zur weiteren Entwicklung und Förderung der jungen Bewerber erörtert, und es wird auch die Geselligkeit gepflegt.

Stähle deinen Körper
Zur Vorbereitung auf den militärischen Beruf gehört die beharrliche Steigerung des physischen Leistungsvermögens, die vor allem durch eine systematische wehrsportliche Betätigung erreicht wird. Dafür bieten die in der GST gepflegten Wehrsportarten, die Kreiswehrspartakiaden, die Wettbewerbe »wer ist der Stärkste?«, wehrsportliche Vergleichskämpfe in den Bewerberkollektiven usw. ausreichend Gelegenheit.

Unersetzliche Freundeshilfe
Schon die jungen Bewerber können in der Zeit der Vorbereitung auf den Besuch einer Lehreinrichtung die Wahrheit bestätigt finden, die bereits Gemeingut unserer

Soldaten geworden ist: Von der Sowjetarmee lernen heißt kämpfen und siegen lernen! Während der vormilitärischen Ausbildung in der GST bestehen vielfältige Möglichkeiten, von den Sowjetsoldaten zu lernen.

Traditionen verpflichten
Zum Programm der FDJ-Bewerberkollektive gehören Besuche von Gedenkstätten des revolutionären Kampfes der Arbeiterbewegung sowie des Armeemuseums der DDR. Hier erfahren die jungen Bewerber vom Reichtum und der Vielfalt der ruhmreichen revolutionären Kampftradition, die von den Angehörigen der NVA gepflegt und würdig fortgesetzt werden.

Aus: Hauptredaktion Propaganda- und Agitationsschriften WISSEN UND KÄMPFEN (Hrsg.), Im FDJ-Bewerberkollektiv, Berlin 1974

Tanzen in der DDR
Fotoserie von Harald Hauswald

US DER BUNDESREPUBLIK DEUTSCHLAND« IN BERLIN MIT 85 WERKEN VON ELF KÜNSTLERN. ANSCHLIESSEND WIRD DIE EXPOSITION IN DRESDEN GEZEIGT •

INNERE VERABSCHIEDUNG

Entlassung aus der DDR

In der 8. Klasse entschied sich, wer zur EOS und damit zum Studium gehen durfte, und die Zulassung setzte bereits in diesem Alter einen Berufswunsch voraus, der kaum noch zu ändern war. Weil Oberschulen und Universitäten planvoll belegt wurden, es Listen gab, wieviel Ärzte, Ingenieure, Offiziere usw. in Zukunft gebraucht würden. Hatte man den falschen Studien- oder Berufswunsch, konnte es passieren, daß trotz sehr guter Leistungen, kein Universitätsstudium, keine Oberschule möglich war. Höhere Bildung war ein Politikum, soundso viele Prozent mußten Arbeiter-, Intelligenzler-, Bauernkinder sein und auch dieses und jenes Pfarrerskind mußte Zugang zur Uni erhalten.

Hatte man sich einmal – das war besonders extrem – für die Offizierslaufbahn entschieden, gab es in der Regel kein Zurück mehr – jedenfalls, wenn man weder seinen Eltern noch seiner eigenen Karriere und Bequemlichkeit schaden wollte. Diese frühe Festlegung war zwar ungesetzlich und man konnte sie rechtlich jederzeit zurückziehen, aber man selbst und die Eltern – es gab diese Sippenhaft in der DDR – wurden mit dem einmal gegebenen Einverständnis unter Druck gesetzt. Die NVA-Werber, wie auch ihre Kollegen vom Ministerium für Staatssicherheit, arbeiteten planvoll mit dem Abenteuer, um Jugendliche von zwölf Jahren für die Armee oder die Stasi einzunehmen und dann mit 13, 14 Jahren auf einen längeren Dienst als Zeitsoldat oder Offizier bei Armee, Polizei oder Stasi festzulegen. Und, ganz unsozialistisch, wurden Bewerber auch eingekauft. Man erhielt zwar kein Geld, aber diese und jene Feierlichkeit, wo es neben Essen in guten Gaststätten auch reichlich, ganz ungesetzlich, Alkohol gab.

In der 9. Klasse, also schon an der Erweiterten Oberschule, dachte ich, daß ich Offizier bei der Armee werden wollte, Pilot vielleicht, weil über den Militärflieger der Weg zur INTERFLUG, also zum zivilen Flugdienst führte. Ich wurde also von einem Bewerberkollektiv aufgenommen. Dazu brauchte man nicht anwesend sein, es passierte automatisch mit der Berufs-Wunsch-Verpflichtung. Von irgendwelchen Ausbildungswünschen an mich habe ich nichts bemerkt. Manchmal kam eine befehlende Einladung zu Wehrspartakiaden oder irgendwelchen Besichtigungen und Agitprop-Veranstaltungen, zu den ich allerdings nicht hingegangen bin, was auch einigermaßen problemlos ging. War ich doch dabei, dann wollten meine »Genossen«, so sollte man sich untereinander ansprechen, mich relativ schnell wieder loswerden – ich war kein Leistungsträger und sie wollten schließlich gewinnen.

Mehr und mehr wurde mir das Militärische suspekt und ich überlegte krampfhaft, wie ich da ungeschoren herauskommen könnte. Zufällig klappte es, sonst wäre ich vor lauter Feigheit und Verantwortungsgefühl für die Kariere meiner Eltern sicher Offizier geworden: Wir zogen von Cottbus nach Kleinmachnow und ich ging dort weiter zur EOS. Und hier erzählte ich einfach nichts von dem Offizier, das Wehrkreiskommando schlampte und ich war raus. Natürlich war ich auch jetzt nicht konsequent, wählte wieder den bequemeren Weg. Wie beinahe alle Abiturienten ließ ich mir drei Jahre Armee aufdrücken, mit der Ausnahme, daß ich mich weigerte, an der Grenze Dienst zu tun. Diese Weigerung verhinderte bei meinem Schwager ein späteres Studium, allein, mir passierte nichts.

Ernst wurde es 1982 mit meiner Einberufung an eine Unteroffiziersschule. Nach einem Vierteljahr knastähnlicher »Ausbildung« begann ich aktiv passiven Widerstand zu leisten. Aber, egal was ich tat – ich versuchte immer, nicht in den Militärknast zugehen, war also nicht rigoros –, es gelang mir nicht »abzukohlen«, von 3 Jahren auf den Grundwehrdienst von 18 Monaten zurückgestuft zu werden. So konnte ich einfach nicht durch Prüfungen fallen. Ich habe nichts geschrieben und habe trotzdem bestanden, wohl weil es der Kommandeur nicht zulassen konnte, das einer aus seiner Herde nicht besteht. Das wäre auf ihn zurückgefallen. Als Gruppenführer hatte ich mich jedenfalls für jeden als absolut ungeeignet erwiesen und das war mein Glück. Ich erhielt eine Spezialausbildung und wurde Flugsicherungsdispatcher in einer halbzivilen Dienststelle. Und dort war Armee – woanders wars nicht anders – nur noch eine Farce. Es gab keine Feinde.

Es ging darum, die zivilen Maschinen sicher durch die DDR zu bringen. Wenn in Schweden, Dänemark, Berlin oder in der BRD die Ferienzeit gen Süden losging, war das absoluter Streß, aber besser als Bausoldat.

Meine Kollegen von der Bundeswehr, die ungefähr das gleiche, nur auf der anderen Seite machten, kannte ich mit Namen und sie mich. In der Nacht schickten sie uns per Telex die neuesten Zeitungen. Zwei Mal in der Woche gab es Spionageflüge. Immer am gleichen Tag, immer die gleich Uhrzeit und die gleiche Strecke. Die Piloten, die sich dann an der Grenze abfingen, kannten sich von Angesicht zu Angesicht. Das war absolut lächerlich. Manchmal verirrte sich ein F-16 oder eine Saab in die DDR und manchmal eine MIG-23 in die BRD oder nach Schweden. Gefechtsbereit, besonders bei den kurzen Vorwarnzeiten, wären wir hüben und drüben nicht gewesen.

Nach den drei Jahren habe ich meinen Wehrpaß weggeworfen und mich nie mehr beim Wehrkreiskommando gemeldet und mich suchte auch keiner, obwohl ich damit gegen jede Menge Regeln verstoßen habe. Zu der Zeit habe ich aber schon zu meinen Regelverstößen gestanden und hätte das auch durchgehalten.

Nur einmal hatte ich noch Kontakt mit dem Militär in seiner bestimmt dämlichsten und schikanösesten Ausprägung. Jeder Studierende mußte für sechs Wochen in ein Wehrersatzlager, die Männer regulär zum Militär und die Frauen zur Zivilverteidigung. Im allgemeinen machten die Männer dort eine Ausbildung zum Reserveoffizier oder die, die nur 18 Monate gedient hatte, wurden zu Unteroffizieren »qualifiziert«. Ich war Unteroffizier, keiner konnte mich mehr dazu machen und Reserveoffizier zu werden, hatte ich mich geweigert. Also wußte keiner etwas mit mir anzufangen und ich hatte 6 Wochen nichts zu tun, konnte beobachten. Besonders bedrückend war, wie das Wehrkreisersatzlager Kommilitonen, die man zu kennen glaubte, verändern konnte. Aus langhaarigen, trinkfesten Leuten wurden plötzlich knallharte Militaristen, die Spaß an Macht und Unterwerfung hatten.

Meine Armee-Erfahrungen änderten nicht nur mich, sondern auch meine Eltern. Ich glaube, sie bereuten es, daß sie bezüglich der drei Jahre die Staatsräson unterstützt hatten. Während meiner Armeezeit sind mir auch die Erinnerungen meines Opas, der damals schon lange tot war, unter die Augen gekommen. Es war eine Zeit des Umbruchs, einer endgültigen Neuorientierung. Hier kam etwas zu Ende, was ein paar Jahre vorher, in der Oberschule, begonnen hatte. Ich grub an meinen Wurzeln, versuchte mich und dieses Land zu verstehen, und überlegte, was nach der Armee kommen soll, wie ich mir der Armee fertig werden könnte, ohne meine Identität, um dieses bedeutungslose Wort zu benutzen, oder gewisse Ideale zu verlieren. Es war auch eine Zeit der Ruhe, des Nachdenkens und natürlich eine Zeit der Internierung. In der Armee wurde die ganze Ideologie noch transparenter. Hier war alles so dumm und so menschenverachtend, und da die Armee als ein zentraler Baustein des Staates DDR betrachtet wurde, konnte sich der Staat auch nicht großartig von ihr unterscheiden.

Es war in gewisser Weise mein Opa, dem ich mein in-der-Armee-sein verdankte. Nicht, daß er mich darauf verpflichtet hatte, aber meine kindlichen und jugendlichen Phantasien wurden vom Idealbild des Kämpfers, des Kämpfers gegen den Klassenfeind prästrukturiert. Schon mit elf, zwölf Jahren spielte das Kämpferische eine große Rolle für mich. Das waren keine militärischen Phantasien und Spiele, eher Abenteuer, das Widerstandskämpferabenteuer und das Armeeabenteuer, nicht der Wilde Westen. Begünstigt wurden solche idealtypischen, ideologielastigen und -konformen Abenteuervorstellungen natürlich durch die schrecklich ästhetischen und demagogisch-heldenhaften Kriegsfilme

und Widerstandserien im DDR-Fernsehen, die ich übrigens bei meinem Opa und auch bei meiner Oma niemals sehen durfte. Ich denke nur an den Monumentalfilm »Befreiung«, an die unsägliche Serie »Vier Panzersoldaten und ein Hund« oder an »Rote Bergsteiger«. Letztere Widerstandsserie nachzuspielen, hat mich fast das Leben gekostet, als mir ein Kletterseil um den Hals rutschte. Diese Kriegstreiberfilme wurden behutsam durch den Film »Die Abenteuer des Werner Holt« abgelöst, dann Ende der 80er Jahre durch neue russische Filme, vor allem Elem Klimovs »Geh und sieh«.
Mit der Entlassung aus der DDR war die DDR für mich vorbei. Sie hat mich einfach nicht mehr interessiert, weder als Gegenstand einer Utopie noch als Veränderbares noch als etwas, daß ich verlassen müßte. Ich konnte bequem meinen Stiefel leben und habe das getan.

Das Gespräch führte Mario Stumpfe.

Ausstellungsraum
Das Büro des Sekretärs

Fluchten – Wege, die DDR zu verlassen
Interview mit Anna

'84 fing das an, die erste große Welle mit den Botschaftsbesetzungen, die in Prag und in Berlin waren. Kannst Du Dich daran erinnern? Wo junge Leute die Botschaft, die amerikanische Botschaft in Ostberlin besetzt haben und die Ständige Vertretung? Also damit fing das an, die richtige große Ausreisewelle. Das zog dann so einiges nach sich und legalisierte sich so langsam im Laufe der nächsten drei bis vier Jahre, so daß diese Heiratsgeschichte möglich war. Und im Zuge dieser Sache bin ich eigentlich rübergekommen. Ganz einfach.

Mein Schicksal steht nicht so einzeln da. Letztlich gings mir wie vielen anderen auch, daß man entlassen war mit dem Erwachsensein und erfährt, jetzt kann man sich auf ein Auto anmelden und jetzt kann man sich auf einen Kindergartenplatz anmelden und kann man eine Familie gründen und das wars dann. Und dann mußtest Du immer aufpassen, daß Du nicht irgendwo in ein Fettnäpfchen trittst und damit waren halt viele nicht zufrieden. Bei mir war das so, daß ich einfach wußte, daß irgendwas passiert, daß ich mich nicht auf ein Auto angemeldet habe und alle diese Vorsorgemaßnahmen in der DDR nicht getroffen habe, daß ich mich weder in irgend eine Schlange gestellt habe noch geglaubt hab, daß ich mein Leben ohne Ananas verbringen werde, daß ich nicht mein Lebtag in dieser Bibliothek arbeiten wollte und daß ich aus dieser Wohnung rauswollte. Ich hatte eine furchtbare Wohnung, die war zwar urgemütlich, aber schrecklich im Zustand und ich habe jahrelang versucht, eine andere Wohnung zu bekommen in der DDR und immer haben sie mir gesagt, ich habe ausreichend Wohnraum, ich könne mich nicht beklagen und diese Sachen. Das war schon immer so, daß Du dachtest, die haben so eine Macht über Dich, das willst Du einfach nicht zulassen. Es ist mehr so eine pauschale Geschichte, daß Du diese Macht gespürt hast, daß Du nicht einfach Dich da in der Pause hinstellen kannst und sagen kannst, das stinkt Dir und das stinkt Dir.

Ich wollte studieren, und habe ich mich für Theaterwissenschaften beworben, Kulturgeschichte, für Psychologie, für Germanistik. Und bin immer abgewiesen worden. Ich stand halt auf so einer roten Liste und durfte nicht studieren. Und irgendwann, nach anderthalb Jahren, haben sie mir gesagt, »Sie brauchen sich überhaupt nicht mehr zu bewerben, Sie kriegen sowieso nie einen Studienplatz. Sie brauchen überhaupt nicht wiederzukommen. Wir haben genug Bewerber, die wir wählen können.« Und meine Weste war einfach nicht rein genug für diese Studienrichtung, ich hätte Maschinenbau oder Verfahrenstechnik oder so was studieren können, aber nicht solche geisteswissenschaftlichen Studien, weil die ja total politisiert waren. Das ist ja auch stark geprägt von dem sozialistischen Bild gewesen, und daher konnte man solche Leute nicht gebrauchen, die sich schon in der 10. Klasse dem Lehrer offen gegenüber gestellt haben. Oder die Geschwister hatten, die ausreisen wollten oder die Verwandtschaft im Westen hatten oder die Intelligenz als Elternhaus hatte, zum Beispiel, das reichte ja auch schon. Und alles zusammen war dann Grund genug, mich abzulehnen. Also wenn mein Vater jetzt Bergarbeiter gewesen wäre, dann hätten sie mich vielleicht genommen, aber so? Oder hätten mich irgendwann genommen. Da habe ich Bibliothekswesen studiert und das nur, weil mein Vater sich über Beziehungen dafür eingesetzt hat, daß ich diesen Studienplatz kriege. Das lief ja alles nur über Beziehungen in der Hinsicht.

Und der Job in der Staatsbibliothek, der war sozusagen Strafjob. Alle die ein reineres Umfeld hatten, haben Jobs in anderen Bibliotheken bekommen und die übrig blieben, die kamen in die Staatsbibliothek. Und wenn Du da nicht hinwolltest, dann mußtest Du nach Bitterfeld oder so. Aber innerhalb von Berlin bekamst Du keine andere Stelle.

Jedem war einfach klar, daß dieser Staat nicht mehr alt werden würde. Keiner konnte sich vorstellen, in welchem Zeitraum das passieren würde. Aber jeder wußte eigentlich, oder viele wußten, daß Du da irgendwann rauskommst, oder daß sich irgendwas verändern wird. Du hast gesehen, wie der Staat immer maroder wurde, wie alles verkam, die Wirtschaft, Strauß' Milliardenkredit. Da wurde reingepumpt und reingepumpt und raus kam im Prinzip nichts, man hat zwar in den Läden ein paar Bananen gekriegt, aber damit wurden nur die Mäuler gestopft. Das Leben wurde immer schwieriger, das merkte man. Man wußte auch, daß Zahlen gefälscht wurden, auch in der Wirtschaft, und daß die Sache besser dargestellt wurde, als sie war. Und auch vom Lebensgefühl. Es wurde auf der einen Seite freier und daran merkte man, der Staat ist irgendwo im Zugzwang; diese ganzen Lockerungen gen Westen hatten ja irgendwo eine Ursache. Die fühlten sich in irgendeiner Form bedrängt, so haben wir das empfunden, und mußte jetzt irgendwas tun, damit die nicht alle durchdrehen da in unserem Staat.

Also ich war nicht gerade mutig. Wenn ich mutig gewesen wäre, dann hätte ich schon Jahre vorher einen Ausreiseantrag gestellt, einen ganz normalen. Mir haben sie meinen Job nicht weggenommen, wenn ich laut meine Meinung gesagt habe. Ich war eigentlich noch in relativer Sicherheit mit meinem Leben, ich hatte was zu essen, mein Kind hatte einen Kindergartenplatz. Ich habe immer gedacht, ich will nicht, daß mein Kind da in die Schule kommt, daß es so erzogen wird, wie ich erzogen wurde in der Schule. Und das habe ich geschafft.

Und bei mir war das so, daß ich den direkten Weg nicht gesucht hab, also nicht per Ausreise, weil ich am Beispiel meines Bruders gesehen habe, wie einen das persönlich stressen und wie krank man davon werden kann. Und weil ich ein Kind hatte, bin ich dieses Risiko nicht eingegangen. Dann hab ich gedacht, wie das so meine Art ist, ach, warte ich einfach mal ab, was die Zukunft bringt. Und dann hab ich über Freunde meinen späteren Mann kennengelernt. Zuerst wollte man das immer nicht richtig wahrhaben, also ich wußte das am Anfang überhaupt nicht, daß er aus dem Westen kommt. Wir haben uns halt ineinander verliebt. Der kam da daher wie so ein Prinz, und ging immer wieder in so ein imaginäres Nichts da hinein. Das war irgendwie schon sehr interessant und hat einen schon, ich weiß nicht, hat einen schon sehr gereizt, und da war manchmal schwierig zu prüfen, ob das jetzt wirklich der Mann Deines Lebens ist, oder ob Du eigentlich nur dein Ziel verfolgst, in den Westen zu kommen, oder einfach, Dein Leben umzukrempeln, Deine Vorsätze, die Du hattest, also wahrzumachen.

Wir haben überlegt, was man machen kann und es gab also nur zwei Möglichkeiten: daß er zu uns zieht oder daß wir zu ihm ziehen, meine Tochter und ich. Dann haben wir diesen Antrag gestellt, den Antrag auf Eheschließung mit nachfolgendem gemeinsamem Wohnsitz in Westberlin.

Das waren ja eigentlich zwei Anträge. Du stelltest erst mal den Antrag auf Eheschließung mit einem Bürger Westberlins und dann stelltest Du danach, wenn Du geheiratet hattest, den Antrag auf Familienzusammenführung und Ausreise. Familienzusammenführung, weil es diese Paragraphen halt mit diesem Abkommen gab (Verordnung zur Regelung von Fragen der Familienzusammenführung und Eheschließung... von 1983, A.L.), daß Heirat genehmigt werden muß, daß man ein Recht dazu hat, einen Bürger jeden Staates zu ehelichen. So. Und darauf haben wir uns berufen. Wußten wir alles von einer Anwältin aus Westberlin. Mein zukünftiger Mann war damals zu der Frau gegangen und hat gefragt, was da alles reingehört. Und da hat die son paar Sachen einfach gesagt.

Einfach so einen Antrag zu stellen, war nicht so einfach, ohne daß Du jemanden hast, den Du heiratest. Du hättest einfach jemanden auf der Straße ansprechen können, aber die Gefahr, daß das ein Spitzel von der Stasi ist, war auch ziemlich groß. Du konntest nur über den Bekanntenkreis jemanden versuchen zu finden, der Dich heiratet. Du konntest ja niemandem vertrauen. Du hattest ein permanentes Mißtrauen in Dir. Ich hatte das zum Beispiel auch; als ich den Antrag gestellt habe, habe ich erst mit niemandem darüber geredet, nur mit meinem Mann. Also, das wußten zwar alle, daß ich den Antrag gestellt habe, auch bei meiner Arbeit, aber ich habe nie über meine Gründe und über die Art, wie das abläuft gesprochen, nie. Ich mußte das melden, meinem Abteilungsleiter, und das wars. Du konntest nie wissen, ob das ein Vertrauter von Dir ist oder nicht.

Du durftest niemals, zum Beispiel, erwähnen, daß Du ja sowieso wußtest, daß Du irgendwann ausreist, irgendwann der Märchenprinz kommt, so wars ja im Prinzip, oder daß irgendwann die Grenze fällt, das durftest Du nie sagen, dann hättest Du sofort Deine Heirat in Gefahr bringen können. Sie hätten Dir beim nächsten Verhör, bei der nächsten Anhörung, so hieß das ja, gesagt, wir haben gehört und so. So lief das. Da hätte auch unter den drei Leuten, mit denen Du drüber geredet hast, einer IM sein können.

Ich hab da jedenfalls großes Stillschweigen bewahrt, weil ich einfach das nicht in Gefahr bringen wollte und weil ich ja auch ein Kind hatte. Und Leute mit Kindern waren ja viel vorsichtiger, die haben auch Vorsichtsmaßnahmen getroffen. Wenn Du verhaftet wirst, zum Beispiel, also wenn Du in der Hinsicht tätig warst. Und ich hatte das auch gemacht, hatte notariell erklärt, daß, wenn mir irgendwas zustößt, egal in welcher Form, daß meine Eltern dann für das Kind sorgen wollen. Weil man ja wußte, daß es auch Fälle gab, wo das nicht so fair gelaufen ist.

Aber bei mir ist das also wirklich alles fair gelaufen. Die Behörden waren zäh und es war viel Lauferei, sie waren auch teilweise unfreundlich, aber im Großen und Ganzen ist das ruhig und korrekt abgelaufen. Es gab keine Schikanen in dem Sinne. Die haben einen warten lassen, das wußte aber jeder, der einen Ausreiseantrag gestellt hatte, daß man nie darauf warten konnte, daß die sich melden, sondern daß man immer selber die Initiative ergreifen mußte, das war klar, das wußte jeder. Und daß sie Dich nicht vorgelassen haben, sondern Du mußtest um einen Termin bitten und dann zum Termin erscheinen. Aber Du hast den Termin gekriegt, wenn Du eine Eheschließung gemacht hast, weil Du dazu berechtigt warst. Und das mußten sie auch, die wußten ja genau, daß Du einen Kontakt zu der Anwältin in Westberlin hattest. Die haben ja auch verhandelt miteinander, die Anwältin hat von hier aus ja auch wieder Druck gemacht, und bevor ich den Termin in Ostberlin hatte, wußte mein Mann schon, daß ich ausreisen kann, weil erst die Anwältin Bescheid gekriegt hat. Also das ist total paradox. Warum und wie was gelaufen ist weiß ich nicht. Du mußtest darum bitten, heiraten zu dürfen. Du konntest nicht einfach hingehen und sagen, Du willst jetzt heiraten.

Meinen Freunden habe ich nach der Heirat sofort gesagt, daß ich ausreisen will, und die haben eigentlich alle Verständnis dafür gehabt. Im Prinzip haben sie mich da, glaube ich, auch drum beneidet: wieder jemand, ders geschafft hat und dann waren sie traurig, daß wieder jemand geht. Weil ja ständig irgend jemand ging. Gerade am Prenzlauer Berg. Der ging da, und ach ja, hast Du gehört von dem, und der ging wieder und der hat jetzt nach drei Jahren Wartezeit endlich seine Bewilligung und so, hörtest Du immer. In jedem Freundeskreis waren irgendwie Leute, die weggingen, in der Zeit, ständig. Wenn Du einen normalen

Ausreiseantrag gestellt hattest, also nicht mit Eheschließung, dann dauerte das alles wesentlich länger, denn Du hattest ja keinen Grund, es sei denn politische und politische wurden nicht anerkannt. Und dann konntest Du Dich nur mit irgendwelchen spektakulären Aktionen beliebt machen oder hoffen, daß Du irgendwie Glück hast.

Dann wartete man und wartete man und dann ging man irgendwann wieder mal hin, weil man keine Antwort bekam, nach sechs Monaten oder so. Drei Monate hatten sie gesagt und dann hat man noch so ein bißchen draufgelegt, also sechs Monate. Und nach sechs Monaten bekam man dann den Bescheid: Ja, die Unterlagen seien längst unterwegs. Man wurde ja immer auch angelogen, das war auch in diesem Fall auch so: Unterlagen haben wir nicht, und dann hast Du später in den Unterlagen gemerkt, daß die das alles irgendwo doch hatten. Und dann, dann war das eigentlich ganz unproblematisch. Wir haben geheiratet und vier Wochen später sind wir ausgereist.

Hier sind die ganzen Geschichten: Der Antrag auf Erlaubnis zur Eheschließung mit einem Bürger aus Berlin (West). Wo Du wohnen wolltest, das mußtest Du da reinschreiben. Daß er bereit ist, in der DDR zu heiraten. Man mußte einen Lebenslauf machen. Und dann nach der Eheschließung mußte man das nochmal. Da mußte man dann wieder begründen, warum man übersiedeln will. Man mußte das persönlich begründen. Da schrieb man dann natürlich keine politischen Geschichten hinein, sondern man schrieb hinein, hier zum Beispiel: »Meine Vorstellungen von der Ehe sind geprägt von gegenseitiger Offenheit und beidseitigen Möglichkeiten, sich beruflich...« So will ich meinem Mann also ermöglichen, noch zu studieren, weil ich ja schon studiert hatte in der DDR. Das war unsere Begründung. Da ich ja schon zwei Ausbildungen hatte, wollte ich ihm wenigsten auch eine noch ermöglichen. Und da er Waldorflehrer werden wollte, konnte er das ja nicht in der DDR. Man mußte sich da irgendwo rumlavieren. Und da wurde man ja auch gelöchert.

Was die geglaubt haben, weiß ich nicht. Ich weiß nur, daß sie uns beobachtet haben. Schon eine Weile, nachdem der Antrag eingegangen war, haben sie uns beobachtet, mich bei der Arbeit, das weiß ich inzwischen. Dann auch im öffentlichen Leben, also bei uns im Haus, da haben sie mehrere Leute gefragt, nach uns oder nach mir, ob die den kennen und so und wie oft der denn käme. Wenn er dann kam, haben sie geguckt, wie intim unser Verhältnis ist. Weiß nicht, wie man das sehen kann. Nun ist der ja auch ständig gekommen, fast jeden Tag, und hat da Unmengen von Geld gelassen. Man war so vorsichtig bei dem, was man sagte oder tat, trotzdem sind ja auch viele Scheinheiraten bewilligt worden. Ich glaube, daß das alles finanzielle Geschichten waren, also daß die für jeden, wo sie die Genehmigung erteilt haben, Knete gekriegt haben.

Ich mußte, weil ich ja schon ein Kind hatte, eine Einverständniserklärung von dem Vater haben, daß der das Kind freigibt. Also er mußte keine Vaterschaftsaberkennung machen, aber er mußte sich bereit erklären, daß sein Kind den Wohnsitz wechselt. Mein Bruder und meine Eltern mußten sich einverstanden erklären, das habe ich hier irgendwo noch, genau: »Hiermit erkläre ich, daß ich der Betreuung, Pflege und Unterstützung durch meine Tochter Frau... nach ihrer Eheschließung mit Herrn sowieso nicht bedarf.« Also das heißt, die haben sich total abgesichert, daß Du nicht sagen kannst, wenn Du dann nicht wieder einreisen durftest, aber ich muß doch meine Mutter pflegen.

Ich habe eine Liste gemacht, um das rekapitulieren zu können. Am 10.7. hab ich den Antrag abgeschickt, am 22.7. sind die Papiere vollständig akzeptiert. Zwei Wochen später hatte ich ne Vorsprache, und am 8.12., fünf Monate später, haben sie mir die Genehmigung erteilt. Und zwar bin ich da selbst hingegangen. Da haben sie mir gesagt, die ist schon seit Wochen raus, die Genehmigung. Aber die kam erst noch. Am 15.12. durfte ich den Termin vereinbaren und am 8. Januar hab ich geheiratet. Und am 12.1. da hat man dann diese Laufzettel bekommen. Laufzettel für Schuldenfreiheit, mit dem Du überall hingehen mußtest, daß Du schuldenfrei bist. Zum Wohnungsamt, also zu dieser Wohnungsgesellschaft, zur Versicherung, dann mußtest Du erklären, daß Du kein Auto besitzt, mußtest Du also zu dieser Zulassungsstelle hingehen. Wo mußte man denn noch hingehen? Zur Arbeit, zur Sparkasse, also zu diesen ganzen öffentlichen Stellen, dies hier auch gibt.

Mit der Übersiedlung war das kurios, die näheren Umstände. Also: wir bekamen die Genehmigung zur Heirat, nun, am 28.12. Und dann wurde uns der erste Tag nach Neujahr, der ein Wochentag war, genannt, daß wir da heiraten durften. Und da hatten wir praktisch noch zwei Wochentage Zeit uns darauf vorzubereiten. Sagen wir: nee, das ist uns zu knapp und so. Und dann haben sie sich also mühsam auf den 8. Januar eingelassen, weil die das dann auch so schnell wie möglich über die Bühne bringen wollten. Und dann haben wir also am 8. Januar geheiratet und gleich einen Tag später gingen wir da hin, um diesen Familienzusammenführungsantrag zu stellen. Man kam da hin und kriegte so'n Berg von Zetteln. Schließlich mußte man zum Zoll gehen und alles verzollen. Alles, was man hatte, angeben, Listen schreiben, mußte alles verpacken und diese Spedition dann beauftragen. Also man ging zu Deutrans hin, und sagte, wieviel Kubikmeter Mobiliar man hatte, so gut man das eben einschätzen konnte. Und dann haben sie also gleich ausgerechnet, was das kostet, soundso viele Kubikmeter, und das war, glaube ich, 1800 Mark, und ich hatte relativ wenig noch, dafür, daß ich schon einen eingerichteten Haushalt hatte. Dann mußte man diese Listen abgeben, die wurden irgendwie versiegelt und so gestempelt, daß man die nicht mehr auseinandernehmen konnte. Dann mußte man noch mal zum Zoll, mußte sagen, ob man Antiquitäten hat, und die hatte ich ja, und eben Kunstwerke, also Grafiken. Da kam dann noch jemand nach Hause, der hat sich die Grafiken angeguckt. Und Antiquitäten eben, also Schränke, Kommoden und so was alles. Total lachhaft. Das haben sie dann aber alles genehmigt, weil das in einer bestimmten Wertgrenze irgendwie lag.

Wir hatten noch einen Goldhamster, und meine Tochter wollte dieses Vieh unbedingt mitnehmen und dafür mußte man zum Tierarzt und ein tierärztliches Gutachten für diesen Goldhamster bringen, daß dieser Goldhamster also ausreisefähig ist. Dazu gab es einen Warenbegleitschein für nichtkommerzielle Sendungen. Ohne Handelswert. Gebührenfrei.

Hier ist meine Gepäckliste. Das hatten sie auf ihrem Orginal zusammengetackert und gestempelt, daß Du das dann nicht mehr verändern kannst. Dann wurde immer abgehakt, was schon auf dem Wagen war. Und hier fehlte anscheinend ein kieferfarbenes Bücherregal. Du mußtest echt alles aufschreiben. Der Freund, der meinen Haushalt aufgelöst hat, der mußte damit auch noch zum Zoll fahren und sie haben einige Koffer aufgemacht um zu gucken, ob der Inhalt jetzt stimmt und so. Sie haben sich aufgeregt, daß ich die Titel von den Büchern nicht aufgeschrieben hab. »Hiermit bestätige ich, daß sich alle Gegenstände meines Umzugssgutes vor der Übersiedlung und Ausführung aus der DDR als Gegenstände des Haushalts in persönlichem Gebrauch befunden haben und nicht mit Rechten Dritter belastet und für den eigenen Haushalt bestimmt sind.« Daß ich nicht irgend jemandem was weggenommen hab. Das war eigentlich schon alles. Mehr gibts da nicht.

Ich hab bis zum Schluß gearbeitet. Hier ist der Auflösungsvertrag, bis zum 10.2. Ein paar Tage vor der Ausreise mußte man seinen Ausweis abgeben, mußte man wieder zu so ner Polizeidienststelle, da hat man eine Aberkennungsurkunde bekommen und man bekam, weil man ja kein Bürger der DDR mehr war und auch kein Bürger Westberlins, eine Identitätsbescheinigung. Damit reiste man dann aus. Nur mit Genehmigung. Also, ich war ja weder Bürger der DDR, wurde mir ja aberkannt die Staatsbürgerschaft, war ja staatenlos dann.

Und das hier, das war dann schon im Westen, der Laufzettel, der nächste. Ein paar Tage später.

Das war ja nur der Anfang, das was in Marienfelde gemacht wurde. Ich hab ja da nicht übernachtet, weil ich ja eine Wohnung mit meinem Mann hatte. Marienfelde hat nicht so lange gedauert, drei Tage, da war ja die Ausreisewelle der Aussiedler aus Polen schon so groß. Deshalb war ein sehr großer Andrang und dann auch, weil viele Flüchtlinge aus der DDR da schon waren. Und den Rest mußte man dann in den jeweiligen Bezirken und den jeweiligen Arbeitsämtern machen.

Warenbegleitschein
für nichtkommerzielle Sendungen

Für Grenzzollamt / Postzollamt DDR — **WBS** Blatt **2**

Die unten aufgeführten Gegenstände sind hiermit zur Lieferung zugelassen.

1. Versender: S 1071 BERLIN

2. Empfänger: S 1000 Berlin 21

Für die einzelnen Gegenstände in allen Spalten gesonderte Angaben

Lfd. Nr. (3)	Menge (4)	Mengeneinheit in Stck., Paar, Liter usw. (5)	Genaue Bezeichnung der Gegenstände (6)	Erz.-Positionsnummer (7)	Reingewicht in kg (8)	Wert (9)
	2	Stück	Goldhamster			15.–
			Eintragung beendet			
					Summe	15.–

Ohne Handelswe[rt]

10. In Wörten: Anz. d. Positionen: eine
Menge: zwei
Reingewicht:
Wert: fünfzehn Mark
Anlaß der Lieferung: Übersiedlung

11.

Also, Du hattest dann schon noch jede Menge Laufereien. Das erste Vierteljahr war schon ein ganz schöner Horror. Vor allem, weil Du ja auch nicht wußtest, was die Dir da erzählen. Wenn die Dir da irgendwas von einem Wohnberechtigungsschein erzählen, der mit Dringlichkeit und der ohne Dringlichkeit, Wohnungsgröße und so, und Du wußtest ja auch nicht, was das alles bedeutet. Oder Du gingst zum Arbeitsamt und wurdest sofort wieder zu einem anderen Arbeitsamt geschickt, das eine, wo Du das Geld kriegtest und das andere, wo Du vermittelt wirst. Da ranntest Du also ständig hin und her. Meldetest Dich immer wieder neu an, saßest wieder drei Stunden und so. Damit hast Du schon Deine Zeit, Deine ersten paar Monate rumgebracht. Es hat mich total genervt. Aber ich dachte, man muß da jetzt durch. Man hatte unentwegt das Gefühl, man hat noch nicht alles gemacht, man muß noch zu irgend einem Amt. Dir wurde immer suggeriert, daß Du noch nicht fertig bist daß Du noch... und irgendwann hörtest Du dann von anderen Leuten, die auch gekommen waren, die haben so ne tolle Wohnung und die kostet nur die Hälfte, und die haben sie auch über dieses Amt, und da denkst Du, Gott, da mußt Du also auch noch hin, das hast Du also nun noch versäumt.

Man hatte keine Lust, gleich arbeiten zu gehen. Weil man dazu auch noch gar nicht, man auch noch gar nicht angekommen war, weißt Du?

Ich habe dann monatelang jedenfalls erst mal nichts gemacht. Wir sind dann zwei Monate später nach Italien gefahren. Das war einfach so mal Luft holen von diesem Deutschland, von diesem deutsch da und deutsch da, einfach mal ganz woanders sein und ein ganz normales anderes Land sehen. Weil diese Konflikte natürlich auch immer da waren, wenn Du in Westberlin hier warst.

Ich habe mich die ersten drei Monate nicht getraut, Geld auszugeben, ich hatte immer Angst, und auch gar keinen Drang, das hat mich überhaupt nicht interessiert, irgendwo Klamotten zu kaufen oder irgendwelche Süßigkeiten oder so, das interessierte mich überhaupt nicht, komischerweise. Aber das hängt wahrscheinlich mit meiner Biographie zusammen, daß ich immer sehr westlich geprägt war. Wir hatten immer sehr viel Verwandtschaft und deshalb war das alles gar nicht so neu für mich. Ich war auch vorher schon mal in Westberlin und in Düsseldorf und wußte so ungefähr, wie das da aussieht. Viele Leute, die in der DDR waren, die konnten sich überhaupt nicht vorstellen, wie sieht so eine Straße in Westdeutschland aus, sieht die genauso aus wie hier? Und das nimmt ungefähr achtzig Prozent des Drucks weg, den Du hast, wenn Du das mal gesehen hattest. Also wenn Du gesehen hast, wie versifft das sein kann, und an einem anderen Ort, wie schön das sein kann, wie doof die Leute sind und wie einfach die Leute leben manchmal, daß im Prinzip alles stinknormal ist. Das hast Du gesehen und damit kamst Du dann zurück. Das durftest Du dann zwar nicht laut sagen, weil dann sofort alle gesagt haben, na ja, nee, das stimmt ja nicht und das und das und das, das waren aber alles nur die materiellen Dinge.

Du hast eigentlich nicht viele Leute aus dem Osten getroffen, wenn Du es nicht drauf angelegt hast und ich habs nicht drauf angelegt. Ich war nicht der klassische Republikflüchtling, der sich so an eine Horde ranschmeißt und hofft, daß er da irgendwo mitgezogen wird. So war ich nicht. Ich hatte eben meinen Mann, ich hatte auch eine Familie hier, also seine Familie, auf die ich mich verlassen konnte und die mir geholfen haben. Und ich brauchte nicht mich in alten DDR-Erinnerungen rumzuwälzen und melancholisch den alten Zeiten nachzutrauern, das brauchte ich alles nicht.

Ich mochte dann lieber nach vorne schauen. Was nützte einem das? Vor allem, warum sind sie weggegangen, wenn sie doch immer nur in Trauer dasitzen und den alten Zeiten hinterhertrauern, wie einfach doch alles in der DDR war. Es gab ja ganz viele Leute, die dann in diesem ganzen Wust von Westerfahrung schwammen und immer schwelgten, wie einfach doch alles im Osten wäre, und mit wie wenig Mitteln man da auskommen könnte und daß es nicht alles so leistungsorientiert wäre und so diese Geschichten. Das kennst Du ja. Den Leuten, die bewußt rübergegangen sind aus politischen Gründen, denen nahm ich sowas nicht ab. Aber da gabs viele, die auch dahin getrieben wurden, gerade in Gefängnissen. Die dann freigekauft wurden und die vielleicht gar nicht unbedingt ausreisen wollten, die sie dann da hin gedrängt haben, so was gabs ja leider auch. Also denen nehme ich das dann schon eher ab, aber allen anderen... Daß sie dann mit den Verhältnissen nicht klar kamen und daß sie dafür zu sensibel waren und so, und daß sie dann psychisch krank waren, das kann ich verstehen, wirklich. Man konnte sich ja auch vorher nicht informieren wo man ankommt. Das mußt Du Dir natürlich auch mal vorstellen, Du fährst irgendwo hin und Du beschließt vorher, daß Du dann da leben wirst. Also stellt Dir ein Land vor, das Du noch nie gesehen hast und sagst, Du wirst da wohnen. Die sprechen zwar deutsch, aber alles andere ist anders. So war das ja.

Was ich vermißt habe ist, daß es nicht einfach an der Tür klopft, daß nicht einfach jemand kommt. Im Westen machte man das einfach nicht, weil alle Telefon hatten. Das Telefon klingelte zwar ab und zu und es wurde gefragt, wie es einem geht und so, aber immer mußte man sich verabreden, einfach so kam eben niemand. Das war im Osten total anders. Wir hatten ja kein Telefon und deshalb war das sowieso gar nicht anders möglich, aber es war auch dadurch ne viel größere Spontaneität da. Du bereitetest Dich nicht vor auf irgend jemanden. Alle wußten zum Beispiel, ich hatte ein Kind und das Kind ging um acht ins Bett und da wußte man eben, wir essen um halb sieben, und kam vorbei.

Was mich sehr bedrückt hat, war die Erwartungshaltung, die die DDR-Freunde dann hatten, danach. Also, ich durfte ja wieder einreisen und die Qualität der Freundschaft wurde danach bemessen, wie oft man kam. Und wie oft man zu ihnen kam. Das entwickelte sich so, daß wir in der Woche zwei-, dreimal da rüber gefahren sind. Ich habe ja auch irgendwie gejobt und mußte ständig zu irgendwelchen Behörden. Nach einem halben Jahr merkte ich, daß die Zeit nicht reicht, im Westen anzukommen, daß man sich nicht teilen kann. Daß man nicht halb im Osten noch leben, bei den Freunden sein kann, und gleichzeitig sagen, man lebt in Westberlin, das ging einfach nicht. Ich habe das irgendwann ganz knallhart eingeschränkt und bin nur noch ganz wenig rübergefahren und das haben mir die Freunde sehr übel genommen. Die haben das nicht verstanden, obwohl wir viel brieflichen Kontakt hatten. Das ist immer so in Vorwürfe ausgeartet, ja, also Du hast es ja geschafft, so ungefähr, und Du kannst Dich ja nicht beklagen, jetzt wo Du drüben bist, kümmerst Du Dich nicht mehr um uns.

1989, da habe ich allen meinen Freunden in Ostberlin gesagt, wenn ihr noch irgendwie mal ein Bett braucht, dann kommt ihr vorbei. Als dann über Ungarn alle ausreisten. Da waren immer mal Leute bei uns, die ein paar Tage oder ein paar Wochen wohnten. Das war eigentlich eine sehr schöne Zeit, weil alle hoffnungsvoll waren und weil alle fröhlich waren, daß es weitergeht, daß was passiert, eben hoffnungsvoll, daß sie endlich daran teilnehmen können.

Ich habe nie einen Antrag gestellt bei der Gauck-Behörde, weil man das einfach auch jetzt ruhen lassen muß. Die Leute wollen alle jetzt weiterleben und ich war nicht so eine Koryphäe, daß mir jemand geschadet hätte. Es hat mir niemand wirklich geschadet. Es waren nur die Leute, die mein Leben beobachtet und darüber berichtet haben und darüber gabs ja nur zu berichten daß ich diesen Mann heiraten will und fertig. Und vorher war ich politisch auch keine besondere Größe. Ich ging in die Gethsemane-Kirche oder ich ging in die Christengemeinschaft oder ich ging in die Friedensbibliothek, aber das haben alle gemacht, die da in Prenzlauer Berg wohnten.

Ich hab keine besonders großen Erwartungen gehabt im Westen. Ich habe nicht besonders viele neue Freunde dazugewonnen, viele von den alten wieder aufleben lassen und einige dazugewonnen. Es ist nicht so eine Offenheit dagewesen für Freundschaften, wie im Osten. Also im Osten war man schneller mit jemandem befreundet, als hier. Und das hat mir gefehlt. Ansonsten hab ich einen Job gefunden und eine Familie und bin nicht verhungert. Ich hatte nicht erwartet, ein dickes Auto fahren zu wollen, fahren zu können. Also was soll man denn erwarten?

Ich hab meine Tochter auf eine Waldorfschule gegeben und das ist für mich schon ein sehr großer Erfolg, daß ich das geschafft habe. Und das hätte ich ja in der DDR nicht so machen können. Sie hätte natürlich nach der Wende sofort auf eine Waldorfschule gehen können, aber das glaube ich nicht, daß ich das gemacht hätte. Dann hätte ich die Chancen nutzen wollen, die die alte DDR geboten hätte, wenn ich da weiter gelebt hätte. So bin ich noch eingestiegen in eine neue Welt und wenn ich dageblieben wäre, dann hätte ich diese alte Welt als meine neue Welt betrachtet. Mit der hätte ich mich dann auch identifiziert. Hätte auch da mitgewirkt und da versucht, die Schule umzustrukturieren zum Beispiel. Also mitwirken, daß man das da hätte tun können. Das war so ja die Hoffnung von allen. Und diese Hoffnung hätte ich dann auch mitgetragen, wenn ich dageblieben wäre.

Jetzt bin ich ein Wossi. Komme gut mit den Westlern klar, aber auch gut mit den Ostlern, habe Kritik den Westlern gegenüber und Kritik den Ostlern gegenüber. Ich meine, das haben wahrscheinlich alle Leute, nur daß Du vorher schon im Westen warst und das alles schon erlebt hast und irgendwo zum Wessi geworden bist, wenn Du so willst, durch diese andere Geschichte. Die anderen sind ja dazu gemacht worden und wollten das vielleicht gar nicht und haben deshalb ihren Charakter auch so, daß sie sich immer dagegen gewehrt haben, was da jetzt kommt. Was der Westen jetzt so für mich bringt, das will ich ja gar nicht, so ungefähr. Und dann immer nur böse reden darüber und immer nur schimpfen, ja, die Westler, die habens ja sowieso besser und wir armen Ostler und so diese Geschichten. Bei mir war das ja so, ich hatte mich frei dazu entschieden und stand auch immer dazu, habe nie darüber geklagt, wie schlimm es hier im Westen ist, und deshalb komme ich jetzt natürlich in diese Rolle, daß ich den Westen verteidige und den Osten auch oftmals, und das ist natürlich manchmal nicht so ganz einfach, so in der Arbeitswelt und im Privaten.

Das Interview mit Anna führte Andreas Ludwig

DDR – Historische Gegenwart
Eine Reflexion

Die Ausstellung »Tempolinsen und P2« war der Versuch einer Annäherung an die historische Gegenwart DDR. Dabei ging es weniger um eine globale Ausstellung der Alltagskultur der DDR, als vielmehr um die Darstellung spezifischer Bereiche der Lebenswelt, ihrer vielschichtigen Vernetzungen und inneren Differenzierungen. Die Ausstellungsmacher haben dazu verschiedenen Zugänge gewählt, boten - auch scheinbar divergierende - Lesarten an. Wichtig war mir insbesondere, einem Bild der DDR zu begegnen, das sie als nicht-moderne, als homologe Gesellschaft erscheinen ließ·. Die während der Arbeit in Eisenhüttenstadt augenscheinliche Resistenz von Teilen der DDR-Alltagskultur gegenüber der bundesdeutschen war sowohl in meinen Ausstellungsteil als auch in die folgenden thesenhaften Überlegungen eingeflossen.

Für vermutlich neun Zehntel der Bevölkerung war die DDR eine überaus bequeme Gesellschaft und sie war vergleichsweise unterkomplex. Einfache Identifikationsmuster wurden angeboten, konnten angenommen oder abgelehnt werden. Zu interpretieren war da nicht viel. Realität und Fiktion, Praxen und leitmotivische Losungen fielen offensichtlich auseinander, die Ideologie betrieb Selbstsubversion. Trotzdem wurde den Worten, oder besser dem, was man hinter den Worten vermutete, vertraut. Sinn und Bedeutung erschlossen sich meist durch den Selbstbezug, durch den Bezug auf eine als individuell vermutete Lebenswelt, durch das, was der Rezipient in sie hineinlegte. Daraus entstand das Gegenteil einer Öffentlichkeit, nämlich eine selbstbezügliche, die von der staatlichen unterschieden werden mußte. Diese Öffentlichkeit, das Private war ganz gut zu leben, denn es war keineswegs einem dauernden Bekundungs- oder Dafür-Seins-Streß unterworfen, obwohl eines der wichtigsten Ziele der Staatsmacht war, die mit jeder neuen Öffentlichkeit, in allem Privaten entstehenden ideologieblinden Flecken mit Ideologie zu belegen, sie an eine große Öffentlichkeit, an eine imaginierte Gemeinschaft rückzubinden. Dies im Verbund mit dem Utopienkonsens, erzeugte bei Beherrschten und Herrschenden gleichermaßen eine spezifische Schizophrenie, ein Aufreiben zwischen Affirmation und Ablehnung.

Die Wörter, der Sinn, der ihnen gegeben wurde, hatte die Macht, weiße Flecken auf der ideologischen Landkarte zu schaffen. Die DDR-Führung wußte darum, hatte unendlich Angst vor dem Wort. Es war Feind aus doppeltem Grund: Einerseits fühlte sich die Diktatur der Arbeiter und Bauern dem Wort nicht gewachsen, verabscheute und begehrte es gleichermaßen; andererseits hatte sie eine unendliche Hochachtung vor den Wörtern, wurden klein im Angesicht des Fremden und auch das ließ sie Gefahr wittern. Im doppelten Sinn vermehrt so das Bewußtsein des Drucks den Druck, wie Marx meinte.

In der Lebenswelt zählte das alltäglich Menschliche. Dort war es zunächst egal, wessen Geistes Kind man war, das Verhalten zählte und das konnte zunächst relativ bruchlos mit dem, je nach den Machtverhältnissen wechselnden, Leitbild Sozialistische Persönlichkeit zusammen gehen, im Sinne von alltäglichem Verhalten, von Höflichkeit und anderem gemeint. Das hatte noch nichts politisches und wenn, dann trat das Politische später an das alltagspraktische Verhalten heran. Es gab einen sozialistischen Knigge, dessen verbindliche Regeln und deren Durchsetzung allerdings mit der jeweils herrschenden Linie wechselten.
Das Auf-Etwas-Hinerziehen, die Jugend im Widerspruch zum eigenen politischen Anspruch zum inneren Feind erklären, war die Folie, auf der das vornehmlich ideologisch befrachtete Programm der Entdifferenzierung - folglich der Demodernisierung bzw. des Antimodernismus -, basierte. Diese Strategie wurde besonders während der Zeit des Leitbildes von der Kulturnation ab Beginn der 70er Jahre forciert vorangetrieben. Zunehmend kollidierte sie mit der sich faktisch beschleunigt fortsetzenden Ausdifferenzierung sozialer und wirtschaftlicher Sphären und - daraus resultierend - den mentalen Differenzierungsbedürfnissen vor allem der jüngeren Generationen.

Die Aufgabe des Leitbildes Kulturnation mit Beginn der Honecker-Ära, verbunden mit einem scheinbar steuerungstechnisch effizienteren Rückzug des Staates aus der Privatsphäre der Lebenswelt, war verbunden mit einer bis dahin unvorstellbaren Aufblähung, Instrumentalisierung und Institutionalisierung des Machtmonopols der SED. Eine zunehmende Entleerung ideologisch motivierter Leitbilder fand statt. Zwar hielt das Establishment an den ideologischen Normativen fest, intervenierte aber zugleich zweckrational - Einheit von Wirtschafts- und Sozialpolitik, Sozialpläne etc.

Doch trotz der subtileren Interventionen der Honecker-Ära drifteten System und Lebenswelt sowie interne Sphären von System und Lebenswelt zunehmend auseinander - was nicht Ausdifferenzierung hieß - und konnten nur diktatorisch, also über Machtwirkungen, über Interventionen von außen zusammengehalten werden. Dazu wird der DDR-Gesellschafft eine panoptische Struktur entwickelt, deren zentrales Auge der Stasi-Diskurs ist, d.h., daß nicht die Stasi überwacht, sondern jeder sich selbst durch die Allgegenwart dieses Diskurses. Das ist auch ein Kennzeichen für den Rückzug des Staates als offensichtlichem Repressionsapparat. Der Antimodernismus der Gründerzeit verliert sich im Projekt einer einseitigen und nachholenden Modernisierung.

Der sich daraus entwickelnde Widerstreit konnte steuerungstechnisch immer weniger bewältigt und in seiner Entwicklung geplant werden. Am Ende dieses Prozesses steht folgerichtig die umfassende Steuerungskrise, die nicht nur das politische Feld und seine Institutionen betraf, sondern alle Sphären der Gesellschaft. Von der Konstruktion der DDR bis hin zu ihrem Verschwinden war für ihre Dynamik oder Stagnation der Widerstreit von Modernismus und Antimodernismus prägend. Dieser Widerstreit wirkte sowohl innerhalb des Systems - zwischen der wirtschaftlichen und der politischen Sphäre - als auch in der Lebenswelt - zwischen den Generationen, in der geplanten Kolonisierung der Lebenswelt durch das politische System und der unplanbaren durch die Wirtschaft, was in der DDR - stärker als in anderen östlichen Gesellschaften - besonders kraß Entdifferenzierungsplan und Differenzierungs- bzw. Individualisierungsbedürfnis aufeinandertreffen ließ.

Die Krise bzw. das Ende der DDR war in dem Moment absehbar, als es nicht mehr möglich war, den dauernd zirkulär zu erneuernden Konsens zwischen Herrschern und Beherrschten, zwischen ideologisch überfrachteter Systemebene und Lebenswelt, zwischen geplanter Gesellschafts-Kultur und Alltagskultur herzustellen. Die DDR war eine Massengesellschaft, in der sich die Masse - inklusive ihrer Nischen - nach einem Plan herstellte. Die Erschöpfung der Energien dieses Plans ist nicht nur eine Erschöpfung des Systems DDR, sondern auch eine Erschöpfung ihrer Nischen, denn bis zur Ausreisewelle 1989 beriefen sich auch die meisten der Nischenbewohner auf den wesentlich die Gesellschaft zusammenhaltenden utopischen Konsens. Der Bruch dieses Konsenses, die Aufkündigung der gemeinsamen Schizophrenie zwischen Affirmation und Ablehnung, der Bruch zwischen Beherrschten und Herrschende war die massenhaften Ausreise.

»Masse« wurde in der DDR nicht problematisiert, sondern war positives Ziel im doppelten Sinne: Zum einen im philosophisch-soziologischen, also im institutionellen, instrumentellen, entdifferenzierenden, sozialtechnisch-entsubjektivierenden Sinn; zum anderen im umgangssprachlichen: Dort bedeutete Masse neben Notgemeinschaft auch intersubjektive Beziehungen, Gleichberechtigung, Solidarität etc. - all das, was sich heute in der Ostalgie aufgehoben und erinnert findet. Beides hatte, ob ausgesprochen oder unausgesprochen, seinen Ausgang in der gegenmodernistischen Anlage des Projektes DDR. Gegenmodernismus konnte im herrschenden Diskurs heißen, vor die Moderne zurück und/oder über die Moderne hinaus zu gehen. Letzteres war die Utopie, der auf Zukunft vertröstende Konsens.

Das Leitideal für den kulturellen Konsens war eine infantile Volkstümlichkeit, die für die Legitimation der Herrschaft ständig bereit stehen mußte, und das hatte verheerende Folgen in allen Sphären der Gesellschaft und hat es noch. Andererseits hat dieses egalitäre Gesellschaftsprojekt auch einiges für sich, hat die sozialistische (Un)Kultur, die in vielem die jetzige aufwiegt, auch eine andere Kultur hervorgebracht. Gemeint ist hier auch - und das kann nur ein Aspekt sein - die eigenartige Situierung des Modells der Aufklärung, der bürgerlichen Aufklärung in ihrer frühmodernen Ausprägung, in der sozialistischen Kultur und nicht nur in der Nischenkultur sondern - trotz vieler Abstriche - in der Massenkultur.

Mario Stumpfe

Abkürzungen

AWG Arbeiterwohnungsgenossenschaft
DDR Deutsche Demokratische Republik
DSF Gesellschaft für Deutsch-Sowjetische Freundschaft
EOS Erweiterte Oberschule
EVP Einzelverbraucherpreis
FDGB Freier Deutscher Gewerkschaftsbund
FDJ Freie Deutsche Jugend
GOL Grundorganisationsleitung
GST Gesellschaft für Sport und Technik
HO Handelsorganisation
KOR Komitee für die Verteidigung der Arbeiterrechte
LPG Landwirtschaftliche Produktionsgenossenschaft
NVA Nationale Volksarmee
RFB Rotfornt Kämpferbund
RGO Revolutionäre Gewerkschaftsopposition
RGW Rat für gegenseitige Wirtschaftshilfe
SBZ Sowjetischg besetzte Zone
SED Sozialistische Einheitspartei Deutschland
Stasi Staatssicherheitsdienst
SVK Sozialversicherungskasse
TKC Textilkombinat Cottbus
VEB Volkseigener Betrieb
VVN Verband der Verfolgten des Naziregimes
WBS 70 Wohnungsbauserie 1970
ZK Zentralkomitee

Abbildungsnachweise

Abb. S. 6 / 16/ 28/ 30/ 57/ 58/ 63/ 65/ 109/ 110/ 129 Marcus Lieberenz
Repros der Fotos von Helga Paris (S. 40 – 43)/ Abb. S. 55/ 64/ 104 / 147 Friedhelm Hoffmann
Abb. S. 56 Helga Lieser
Abb. S. 80 Dokumentationszentrum Eisenhüttenstadt
Abb. S. 86 Friedrich Weimar
Abb. S. 90 – 92 Sybille Bergemann
Abb. S. 94/ 95 Christian Borchert
Abb. S. 121 – 124 Harald Hauswald
Abb. S. 148 Andreas Ludwig

Die Texte von Mario Stumpfe sind Auszüge aus einem umfassenderen Textzusammenhang.

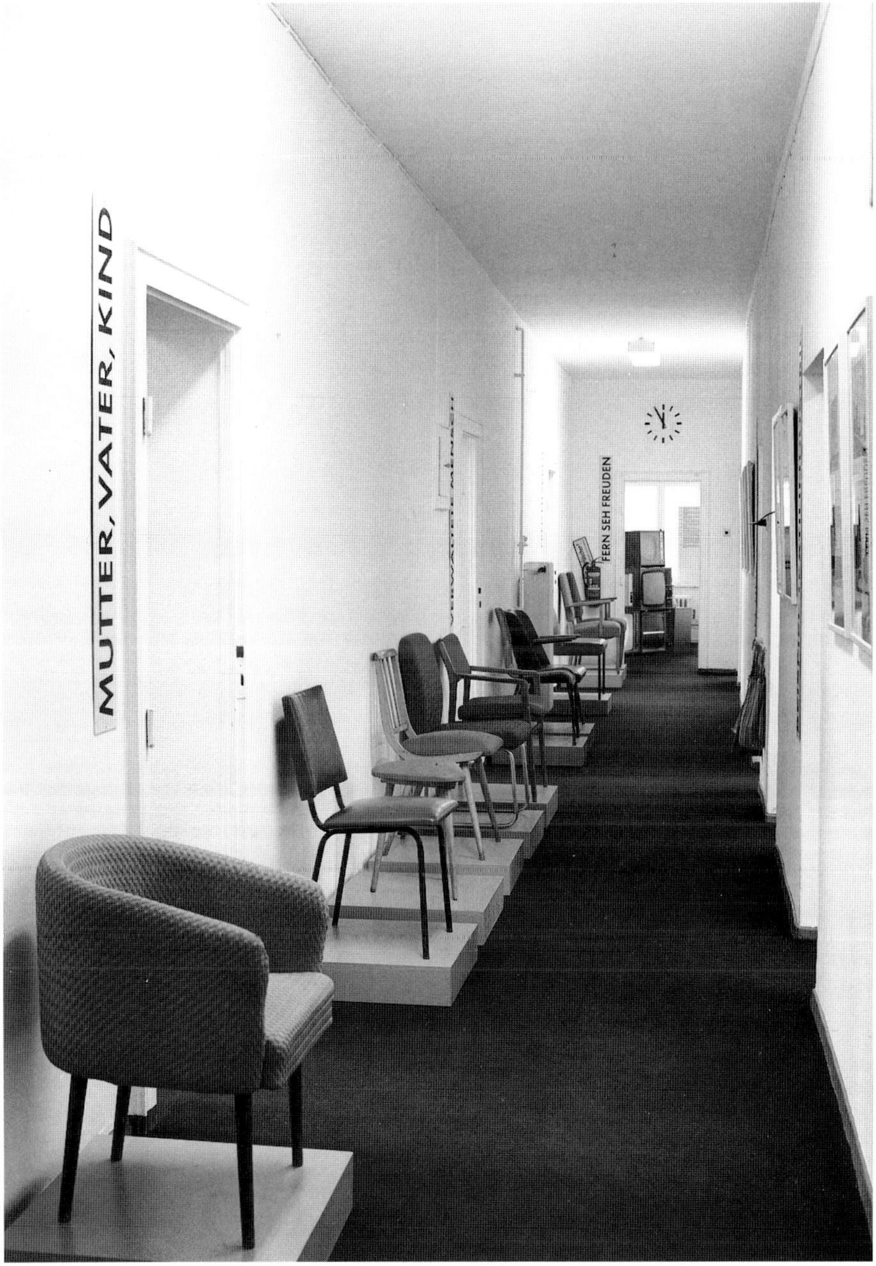

Stühle

Tempolinsen und P2